名师名校名校长

凝聚名师共识
回应名师关怀
打造名师品牌
培育名师群体

爱心润泽，慧心化育

刘永志工作室教育故事汇编

刘永志 / 主编

东北师范大学出版社

长春

图书在版编目（CIP）数据

爱心润泽，慧心化育：刘永志工作室教育故事汇编 /
刘永志主编. — 长春：东北师范大学出版社，2019.8
ISBN 978-7-5681-6222-7

Ⅰ.①爱… Ⅱ.①刘… Ⅲ.①中小学—班主任工作—
文集 Ⅳ.①G635.16-53

中国版本图书馆CIP数据核字（2019）第199912号

□策划创意：刘　鹏
□责任编辑：谷　迪　张新宁　□封面设计：姜　龙
□责任校对：刘彦妮　张小娅　□责任印制：张允豪

东北师范大学出版社出版发行
长春净月经济开发区金宝街 118 号（邮政编码：130117）
电话：0431-84568115
网址：http://www.nenup.com
北京言之凿文化发展有限公司设计部制版
廊坊市金朗印刷有限公司印装
廊坊市广阳区廊万路 18 号（邮编：065000）
2022年6月第1版　2022年6月第1次印刷
幅面尺寸：170mm×240mm　印张：12.5　字数：195千

定价：45.00元

编 委 会

前 言

　　广东省中小学名班主任刘永志工作室在各级领导的大力支持下，在各位专家的认真指导下，全体成员与学员以乐观进取、务实高效、开拓创新的态度积极投入工作室的建设中。

　　工作室以成就他人、丰盈人生为理念，探讨以主持人的牵动为核心，工作室成员和学员的带动为重心，区域班主任的互动为中心，构建班主任成长共同体的"三位一体"发展模式，带动省、市优秀班主任群体的共同成长，成就班主任的专业人生。

　　在主持人的带领下，工作室老师积极阅读有关专业知识及名师名家的相关书籍，了解学习并掌握相关方法、原则和策略，借鉴成功案例增长实践经验，为工作寻找理论支撑。同时，工作室老师积极撰写教育故事，反思工作中存在的不足，总结经验，提升教育效能，逐步提炼出自己的教育观点，形成自己的教育风格。比如，苏雪芬老师的"走心"教育，她认为，许多学生都有不为成人所知的内心世界，有一种自我伪装，他们外表强大而内心脆弱，非常渴望尊重和理解，教师只有走进他们的心灵世界，缩短与他们的心理距离，才能取得教育效果；席俊梅老师的"智慧"教育，她认为，教育并不是单纯地把知识从教师的头脑中转移到学生的头脑中，而是首先必须以人为本，只有在人性的基础上，教师把学生当作有思想、有情感的"活生生的人"，教师的教育智慧才有发挥的空间；邬浩强老师的"生活"教育，他认为，教师需要在生活的点滴之中，完成对学生人格与心灵的塑造，如细雨滋养青草，供给他们成长的养分。

1

　　工作室的老师们用自己的爱心润泽孩子们的心田，用自己的智慧陪伴孩子们的成长，用自己的善良呵护孩子们的成长，为孩子们的未来撑起一片蓝天。同时，他们用教育故事记录了孩子们的成长历程，记录了自己成长的心路历程，也记录了自己教育生活中的甜酸苦辣……

　　我们的教育故事，记录了教育生活，阐述了教育观点；

　　我们的教育故事，体现了教师的价值，见证了师生的共同成长！

刘永志

广东省中小学名班主任工作室主持人

目 录

心怀太阳，慧享人生

广州市花都区秀雅学校　蔡艳璐

心怀太阳播撒温暖阳光，胸有智慧乐享教育人生。教育不是奉献，更不是牺牲，而是一种享受。我们或许不能选择自己所在的学校，不能选择自己所面对的学生，但我们可以选择自身对教育、对人生的态度。当我们培养起自信乐观、豁达开朗的健康心理，我们就会通过情感、语言和行为，感染身边的人，这既会幸福自己，又能快乐他人。作为普通教师，我们或许不能取得什么伟大的成就，或许不能获得什么耀目的名利，但我们可以在平凡的岗位上不断学习提高，以教育智慧应对风雨挑战，在与孩子们的共同进步中感受教育者的幸福，享受自己的教育人生。

一次遇见，走出迷茫和困惑

曾经，面对屡教不改的学生、蛮不讲理的家长、努力付出却不见提高的教学业绩，我陷入了人生低谷，无数次自我否定，自我怀疑。我感到迷茫和困惑，不明白教育到底有什么意义。我甚至后悔选择了教师这份职业，也萌生了离开教师队伍的念头，直到有一次，我在公交车上遇到了一名学生。

那次搭车的人很多，我提着大包小包在人群中挤着。旁边坐着的一个小伙子突然叫了我一声"老师"，还硬把座位让给我。交谈之下，我才知道他是我好几年前教过的一名学生。小伙子对我说："老师，我现在还记得你和我们讲起南京大屠杀事件时的激昂愤慨，那时候我们全班都听得很激动。"我从没想过，对自己来说那么普通的一节常态课，那么普通的几句话，却给一个孩子留下如此深刻的印象。那一刻，一种满足感从心底油然而生。我记得有这样一句话："孩子的世界是成就教师的理想天堂，我们这些为人师者能在孩子的一生中留下难以磨灭的印记，本身就是一种喜悦和幸福。"我开始懂得从孩子们信任的目光、祝福的话语、微小的进步中，一点一滴地感受作为教育者的快乐与幸福。

在我认识到自己的工作价值，坚定自己的教育追求后，我不断争取各种学习机会，提升专业素养，实现专业成长。通过学习，我发现曾经对我造成困扰的，不是我所承担的工作和肩负的压力，而是我对工作和压力的态度。初心不改，方得始终。心怀太阳才能播撒阳光，只要我们坚定理想，平和心态，我们就能不为名利所扰，不为压力所困，从容应对困难和挑战，在孩子们的点滴成长与进步中发现自我价值，收获幸福和快乐。

❧ 一次错误，开启智慧追求 ❧

为人师者，一言一行皆有文章，教师可以用爱与智慧成就学生的未来，也可能因为粗暴与愚昧毁掉孩子的一生。

我刚担任班主任工作时，因为盲目照搬其他班主任的经验，缺乏学习与思考，犯过不少错误。一次，中午值日时，一位老师急匆匆地跑进办公室对我说："你知道吗？你们班的学生正在用多媒体平台听歌呢！"我一听顿时火冒三丈，我觉得孩子这是在以行动对我进行赤裸裸的挑衅。要知道，我曾反复在班上强调，多媒体平台只能用于教学用途，坚决不能用作私人娱乐。我把手上正在看的书摔到桌子上，立马冲到教室不留情面地把全班学生狠狠地教训了一顿。

几个星期后，在一节班会课上，班长突然向我提出一个请求："老师，能给我们几分钟的时间吗？""你们要几分钟的时间干什么？"我好奇地问。班长说："老师，我们想唱首歌给您听。您知道吗，您批评我们用多媒体平台听歌的时候，其实我们是想练好一首歌，在教师节唱给您听。虽然现在教师节已经过去了，但我们还是想把这份礼物献给您。"在得到我的默许后，班长喊了一声："起立！"全班51名学生齐刷刷地站起来，51双眼睛齐刷刷地望着我，对我唱起了《每当我走过老师窗前》。听着孩子们真挚的歌声，惭愧、感动等不同的心情在我的心中交织激荡。我没有想到在我不分青红皂白地教训了孩子们之后，他们还能毫无芥蒂地用真心为我歌唱。我深深地觉得：孩子的世界是纯净的，只要感受到你付出的一点真心，他们就会毫无保留地回馈你全部的真诚；孩子的世界是宽容的，只要感受到你批评背后的良苦用心，他们就会包容你的所有失误。

当孩子们把歌唱完，我含着泪对孩子们说："老师对不起你们，上次没有问清楚事情的缘由就把你们教训了一顿。""没关系的，老师，你也是为了我们好，怕我们影响学习。""老师，没关系，你只是性子急，你对我们的好，我们都知道……"在孩子们各种安慰声中，我感受到了作为教师的一种巨大的幸福感：我为孩子们献出一份真诚，孩子们回馈了我51颗真心！为了我的一份好，他们宽容了我的粗暴与鲁莽。

这么多年过去了，孩子们唱的这首不很动听但十分动人的歌曲仍时常在我耳边萦绕，它总在一次次地提醒我：要当一位好老师，不要再理所当然地乱给孩子们扣帽子，不要再因为粗暴与鲁莽伤害了孩子们的赤子之心。作为教师，尤其作为班主任，要善于观察，了解孩子们的内心，助力他们的成长，避免因为自己的无知莽撞、自以为是，给他们带来一生的伤害。

～ 一生学习，解决教育难题 ～

享受教育人生，教师除了要对教育有正确的认知和积极的追求，还必须不断学习，提升专业素养，以教育智慧从容面对教育中的各种挑战，正确处理工作中的各种问题。

开学初，我就得知班上13岁的小非患有法洛四联症，有心血管手术史（1岁时进行过法洛矫治术），因此，我对这个孩子有了特殊的关注与照顾。渐渐地，我发现，小非的家长对于小非的问题有所隐瞒，小非的问题不仅仅在于心血管，他渐渐表现出异于其他同学的表现：他非常嗜睡，一回到班级就趴在桌面上呼呼大睡，若有人把他叫醒，不一会儿，他又会倒头大睡。偶尔清醒的时间，他会不停地玩笔，把笔抛高后接住，反复不停，制止了不一会儿又继续。小非想说话的时候就会不停地说，没有人能够制止他，他还很喜欢说粗言秽语，同学们越劝阻他，他就越开心。在和小非进行沟通时，我发现他的逻辑思维非常混乱，往往答非所问，以我作为国家二级心理咨询师的专业知识判断，这个孩子存在心理问题。

针对这些问题，我与小非的家长进行了沟通。面对小非的异常表现，小非的家长拒绝接受带小非进行全面检查的建议，坚定地认为小非没有任何问题，嗜睡不过是因为药物的作用。

小非的与众不同及小非家长的不配合，让小非的教育管理问题成为我班主任工作中的一个大难题。从教15年，我第一次遇到这样的特殊学生，没有过任何相关处理经验的我对此感到非常头疼、无助。我就这个问题向我们学校的韩锡波校长求教，韩校长对我说："在与家长沟通时，我们不能总站在自己的角度，应该多一些换位思考，站在家长的角度想想，他们需要什么。平心静气地去问问家长，我们能够为他们做些什么，让家长认识到，我们家校是一心的，应该为了孩子的健康成长共同努力。"韩校长的一番话让我认识到了自己的错误：我没有真正理解家长的难处与痛苦，把小非当成了一个负担，没有真正地为小非的成长竭尽所能。

意识到自己的错误后，我端正了心态，站在家长的角度去思考如何解决小非的问题。我调整了沟通方式，多听少说，诚恳地向家长表明了我们学校老师与家长一起帮助孩子发展的决心，邀请小非家长来校一起共同商量问题的处理方法与解决办法。在感受到了我们的用心与诚意后，小非家长的态度有了明显改善，并来到学校与我们进行了详谈，最后我们达成了一致意见：家长、教师都要对小非多一点关注，多关注孩子的身体健康，不必过分关注学业成绩。针对小非的异常表现，家长在必要时要带小非去医院接受专业治疗。

得到小非家长的认可与支持后，我采取了一系列的积极措施，让小非得到同学们的接纳与尊重。为了让同学们正确认识小非，接纳并尊重小非，我采取了各种措施营造关爱小非的集体氛围。我组织了"你的好我看得见"的主题班会，让同学们畅谈小非的可爱之处。对于关心帮助小非的行为，我会积极地进行表扬肯定。经过反复教育，班上形成了关爱小非的良好氛围，没有一名同学因为小非的特殊表现嘲笑或者欺辱他；如果小非有了好的表现，他们还会争着向我汇报。

小非的心脏不太好，为了小非的身体健康，我动员学生自主报名组建爱心小分队，分组关注小非在校的身体情况，如果学生发现小非身体有异常，会及时向老师汇报。

我在与小非家长的沟通中得知，小非从小学习书法，写得一手好毛笔字。为了让大家看到小非身上的闪光点，我推荐小非代表班级参加学校书法比赛，在比赛中，他获得了全校书法一等奖的好成绩。此外，我还向年级长申请，利用年级的展板，帮小非开设了个人书法展，让更多同学看到他的特长，认可他的书法水平。经过家校联手，师生共同努力，"特别"的小非拥有了积极健康的初中生活。小非初中毕业那天，他的爸爸妈妈带着他，亲自向全体科任老师道谢，小非爸爸由衷地说："从小到大，我们不知道从老师那里接到过多少次投诉，只有你们不但没有向我们投诉，反而用心为小非的成长付出努力，如果没有你们，小非一定不能顺利毕业。谢谢！谢谢！"

成长的道路上总会遭遇各种风雨，教育生活中也会经历各种困难艰辛，我相信，只要我们怀揣初心，努力前行，每一次经历都可以镌刻出人生不一样的风景，都可以成为人生的一笔丰厚的财富。班主任作为学生成长中的重要参与者，应该终身学习，不断提升专业水平，用爱与智慧去关怀、教育、引导每一个孩子，心怀太阳，播撒阳光，感受教书育人的快乐与幸福，传递为人师者的爱与温暖，用爱与智慧帮助每一个孩子健康快乐地成长，享受属于自己的幸福教育人生。

特别的爱给特别的你

广州市番禺区大龙中学　曾锦华

　　旅游时，我们经常会碰到这样的情景，几个人一起登山，前面的人常常会伸出手来拉后面的人，而后面的人也乐意接受前面的人的帮助。班主任的职业生涯就是跟学生一起登山的过程，其间会遇到很多特别的学生，往往我们的一次伸手、一个决定、一份坚持，就有可能转变一个特别学生的命运！

～ 让孤单的花儿同样美丽 ～

　　洁柳，一个长得漂亮、口齿伶俐的讨人喜欢的女生。她刚进我班的时候，由于我对她的第一印象很好，便委以重任，让她担任班级的副班长。她表现很出色，每天的早读、午休纪律管理得井井有条，让我这个当班主任的轻松了不少，我还暗暗庆幸自己是个好"伯乐"。但第五周的星期天晚上我接到洁柳的电话，她向我提出请假一个星期的要求，当我问她原因的时候，她似有难言之隐，只是说这是妈妈的吩咐。我只好勉强答应了。接下来的一个星期我都处于焦急的等待之中，但一周过去了，洁柳还是没回学校上课，几次打她家的电话都没人接听。于是，我向学生了解情况，学生们告诉我她的妈妈不让她上学，要她留在家里看管店铺。

　　带着困惑，我让一个学生带路，来到了她家的店铺。跟她妈妈交谈了一个多小时后，我才知道这个表面开朗活泼的女孩背后那可怜的身世。原来，洁柳的妈妈跟她爸爸结婚后生了两个女儿和一个儿子，后来她爸爸带着弟弟和另一个女人到深圳去了，没给她们母女留下一分钱，甚至连乡下的房子也卖了。母女三人只好到番禺租了间店铺住下来，并靠卖点杂货来维持生计。最后她说："老师，你看我现在的环境，根本就没有能力让两个女儿一起上学读书。因此，我决定让洁柳退学了。"正当我想劝说之时，洁柳开口了，她流着泪说："妈妈，求求你不要让我退学，我会努力读书，将来会找一份好工作让你过上好日子的。"那一刻，洁柳的话语深深地感动了我，我下定决心一定要让这朵缺乏温暖的花开得同样美丽。接下来的一年多时间里，我便展开了漫长的帮扶之旅。

找准落脚点，做好家长的沟通工作。所谓"擒贼先擒王"，洁柳退学的主要原因是她妈妈总觉得女孩子没必要读那么多书，早点出来工作，帮补家计更好。在我家访了三次后，她妈妈还是没同意让洁柳上学。第四次登门时，我带上了五个班干部和一封有全班学生及全体科任教师签名的恳求信，她妈妈终于被学生们的真诚打动了，决定让洁柳返校学习。

倾听孩子的心声，消除孩子患得患失的心理。重返校园的洁柳明显少了以前的活泼，整天闷闷不乐。了解情况之后我才知道，洁柳每时每刻都在担心她妈妈随时不让她读书。为了缓解她的压力，我经常找她谈心，跟踪她的心理变化，并经常与她妈妈联系，提醒并告知她妈妈孩子心理很容易受到伤害的地方，努力架起母女之间沟通的桥梁，并且希望她妈妈不要将自己的痛苦和烦恼在孩子面前过多地暴露，给她带来不应有的压力，要多听取洁柳的意见，使她感受到来自妈妈的关爱。当然，我也会定期向她妈妈汇报洁柳在学习上取得的成绩，因为成绩是说服她妈妈让洁柳继续上学的最有效因素。经过一段时间的努力，洁柳的妈妈不再提出让洁柳退学的要求，这让洁柳悬着的心终于放了下来。

培养团结互助的班风，用友情弥补亲情。洁柳对班长工作十分认真负责，但渐渐地我发现同学们开始不喜欢她，有的男生甚至跟她唱对台戏。我经过调查发现：洁柳对同学的要求太严格了，有时甚至比老师的要求还高，动不动就罚他们，这让他们很气愤。最可气的是，洁柳很喜欢向老师打小报告，本来一桩小事到老师那儿就变成了大事，同学们暗地里称她"金手指"。随即我与洁柳进行交流，她的答案让我心痛不已。原来这孩子一直在一种无形的压力下生活，她觉得我对她很好，她就必须把班级工作做得有声有色来报答我，她不想我也放弃她。于是她的工作方式在不知不觉间脱轨了。她也感觉到同学们对她有意见，但为了不让我失望，她还是坚持这么做。听了她的述说，我为自己的疏忽而不安，原来我对她的重视给了她这么大的压力。为了帮助洁柳走出困境，在同学中重新树立威信，我特意召开了一节主题班会，目的是让全班同学感受到团结的力量，班会的结尾由洁柳演唱一首歌曲《感恩的心》，让她把自己的心声吐露出来。她的话语化解了同学们对她的看法，最后全班同学又恢复了以往的团结，洁柳也更加用心地管理班级。

创造成功的机会，增加孩子的自信心。经过"被排斥"事件后，洁柳做事明显变得小心翼翼了，她不再像以往那么泼辣、那么固执，但由于她每天放学回家后要帮忙看管店铺，要做很多的家务，周六、周日还要骑三轮车去送货，因此，她在家没有固定的学习时间，成绩也开始下滑。洁柳的心理又出现了变化，我察觉到洁柳已经被我激发出来的成就感如不加以培养，它就会像擦着的火柴，荧荧之火顷刻便熄。心理学家通过实验证明："一个人成功的欲望愈强烈，他以后的抱负水平就提得愈高。"怎样才能使这种成就感不断增强呢？很重要的一点是，不断创造条件让学生可以"跳一跳，摘到果子"。于是，我请求科任教师利用在校课余时间帮她补习，洁柳也很努力，她的成绩很快又进入了班级前列。

毕业后，我与洁柳一直保持着联系，如今洁柳已经考上大学了。她经常给我发信息，什么都谈，包括她的大学老师、同学甚至男朋友。如今的洁柳已经成长为一个自信独立、对未来充满希望的青年人，相信她的妈妈也会为有这样一个优秀的女儿而感到骄傲。如果当初我没坚持下去，轻易地就让这可怜的女孩辍学，她的一生可能就此毁掉了。

❧ 有心而无痕 ❧

浩楠，本届初三的一名重读生，于初三暑假补课的第一天由级长带着来到我面前报到，说是要求在我班复读。看着面前这个黑黑壮壮的男生，我原本觉得他的样子还蛮可爱的，但回想起昨天级长说的关于他的情况：品德一般，去年中考成绩差一点上不了高中，我真想拒绝接收他，总担心他的到来会把班风学风搞差，让成绩本来就不理想的（2）班雪上加霜；但看着他妈妈诚恳的目光，只好勉强接受。面对这个重读生，我准备静观其行，严阵以待，这个重点关注的人物自然就成了我的徒弟——"导师制"的辅导对象。

接下来的一周，我接到了科任教师的投诉：浩楠上课总是在与附近的同学讲话，经常向班级中的男生炫耀他在之前的学校读书的"威水史"，让班上的男生好不羡慕！

面对这一连串的投诉及不良影响，我快要被气疯了，但我还是按兵不动，细心观察了浩楠的言行并了解了他的家庭背景。通过观察，我发现浩楠是个爱说话，好动，学习缺乏持之以恒，表面傲气，内心脆弱、犹豫的男生。面对这样一个家长痛心、老师摇头、对班风有影响学生，我决定走进他的心灵，开始了漫长的"心导"历程。但我知道这孩子的自尊心极强，不容易与人交心，因此，我对他的引导必须做到"有心而无痕"。

改变态度，融洽情感。学生在学习、生活中的欲望和需要往往是通过他们的行为表露出来的。我发现浩楠经常在课堂上与附近的同学说话是想引起别人对他的重视，不想别人以异样的眼光看待他这个重读生。于是，我不停地找机会走进他的内心世界。一天傍晚，我捧着饭盒在餐厅里与他"偶遇"了。我们边吃饭边聊天。有的事情如果你不做是永远不会知道真相的，这顿饭让我改变了对浩楠的看法，原来他并不像我心中想的那么的差、那么的坏，原来他也有想法，原来他挺可爱的，怪不得班上那么多同学喜欢他。饭间，他跟我说了许多，包括他的家庭、他的学习以及他对这个班的一些看法。最后，他问我："老师，你会看不起我吗？"我马上说："不，你也是终极二班（我们班的美称）的一员。"那一刻我更坚定了辅导他的信心。

给予机会，充满信任。餐厅"偶遇"后，我给予他增强自信的机会，让他真正地融入班集体。适逢开学第四周，学校开始筹备第十届文化艺术节的文艺会演，要求各班出一个文艺表演节目。班委会讨论后决定彩排一个小品"校园无贼"，小品中有一个思想单纯、为人忠厚、憨直的角色，当班委们正苦于找不到合适人选的时候，我毅然向他们推荐了浩楠，浩楠也爽快地答应了。在接下来几周的彩排中，浩楠都能准时出现，并给予了很多意见，与其他小演员相处得十分融洽，而且我发现他很有创意及幽默感，于是我马上对他给予表扬。由于他的精彩表演，我们的节目获奖了，浩楠给我留言说："老师，在训练过程中我与同学之间的关系更好了，我也没以前那么在乎自己是重读生了，能为班级做点事，我觉得很开心。"能为班级做点事，这真是一言惊醒梦中人。是的！重读生也有他们的价值，他们也能为班集体做点贡献。

借助经验，引导舆论。重读生的经历比应届生要丰富，他们的感受和教训会对班上的学生起到很好的借鉴作用。在与浩楠的关系好转后，我惊喜地发现浩楠的思想端正了，他不再因自己是重读生而自卑，因为他知道班上的同学没有瞧不起他，老师们都挺在意他、关心他，他也想为这个班级做点儿贡献。于是，我表达了我的想法，我希望他能在我们班的主题班会"初三，该如何度过"上向同学们介绍一下自己的经历及教训，他立刻就答应了。接下来的主题班会开展得非常成功，特别是浩楠的发言，让全班同学都非常感动。他真诚地向全班同学讲述了自己读书的经历，也毫不隐瞒地述说了自己去年中考失败的原因及从中得到的教训，并希望同学和老师能够接受他，让他能有一个重新努力的机会。最后，他以一句话结束了发言："同学们，我就是一个很好的失败的例子，你们不能像我一样，在这一年里你们更不该放弃，成绩好的同学不能骄傲，成绩不好的同学也不能灰心，让我和你们一起努力一年吧！"他的感人发言，让全班同学都深有感触，并对他报以热烈的掌声。那一刻，我十分感动，原来团结的力量这么大。

乘胜追击，共同帮助，共同进步。主题班会后，浩楠仿佛变了个样似的，上课认真听讲，课后积极复习，成绩也明显进步了。同时，他也主动帮助别的同学，他的跳绳非常厉害，他就会指导体育加试选考跳绳的同学；他经常向我介绍他过去的班主任是如何管理班级的，让我从中借鉴别校的方法。他的建议给了我很好的启发，让我的工作开展得更加顺利。

有一天，我在班集体日记上看到了浩楠写的一篇日记，日记中这样写道："……时间过得真快，一眨眼就要进行初三毕业考的'一模'了。在这个学期中，我感觉自己比以前好多了，无论是做人还是成绩，我很感激老师对我的耐心辅导及同学们的帮助，我相信只要我这样坚持下去，我的成绩会一天一天进步的。"

　　浩楠的改变使我看到了希望，让我尝到了"甜头"。原本让我抗拒的重读生对我的帮助是这么大，对我的启发是这么深，如果当初我放弃了这个特别的他，他可能会走上另一条人生路。

在爱的路上成长

广州市南沙区第一中学　曾卓珍

心理学家 M.斯科特·派克说："爱，是为促进自己和他人心智成熟，而不断拓展自我界限，实现自我完善的一种意愿。"在成为一名班主任的过程上，我遇到了一个又一个不同的孩子，我用爱心做泉水去滋养孩子的心灵，用耐心做肥料去促进孩子的成长，用宽容做阳光去照耀孩子的心灵。当孩子茁壮成长时，我发现自己也在成长的道路上越走越顺畅。原来，爱是一种正能量，它使自己和他人的心灵成长。

爱是经得起等待的

9月2日下午，还没有到两点，我就远远看到乐乐站在保安室前安静地等待着放行。

"怎么这么早？"我上前问。

"嗯，早点儿来。"她用力地点头。

看到她如此认真的样子，我脑海中立马浮现出上学期期末在班级文娱晚会上，我提出的其中一个希望就是："乐乐，希望你能回归正常的校园生活。"当时她看着我，也是用力地点头，现在这两幅画面重合了，我甚是欣慰。

乐乐小学时是个乖巧可爱的小学生，初中时则是家长头痛不已的叛逆少女。她妈妈总是在说，你的青春叛逆期怎么就这么长？她一上初中就步入叛逆期，整整两年半：逃学、上课睡觉、玩手机、乱花钱……初三下学期才有点儿好转，正是这点儿好转她才能考上我们学校。

现在回想起来，乐乐就是一个矛盾综合体。她有对她无限宠溺的爸爸，有对她爱恨兼施的妈妈；她热爱阅读，家里的几个大书柜装满了她在网上购买的各类书籍；除了数理化，她的语文、英语、历史成绩可以排到年级的前十名，而数理化则是年级的倒数；她非常讨厌学校的各种规章制度（她初中上的私立学校），但从不触犯，有一次她爸爸因事送她回校迟了，她担心班级会扣分，装病不回校；她不愿意在学校上课，却跑到遥远的市区找课外辅导机构学习；不来学校上课又不惧怕成绩垫底，而且还要参加中段考试和期末考试。

在过去的一年里，我这个也算是身经百战的老教头，对她用尽浑身解数都没有使她回到校园正常学习。她不肯上学，家长把她哄来校门口，她连校服都穿得整整齐齐的，可就是不肯下车，我只好在车里与她聊天并劝她。她会很认真地听我讲并且认同我说的所有道理，但一提到回教室上课，她就低头不语。校道、操场、心理室、校长室等场所都有她的身影，可这一切都是徒劳。她父母在心理老师的建议下到市区找知名心理机构进行咨询，教授们都说她是一个正常的孩子，没有心理问题。

她妈妈看到她一个人在家颓废得很，又伤心，又无计可施，毕竟是心头肉，打不得，甚至想到让她去参加《变形记》。她妈妈是销售高手，对员工、对顾客从来都是游刃有余，可面对自己的孩子却无计可施。她妈妈几乎崩溃了，但她即使再失望也没有想过放弃她，每次找我哭诉完，就又回去把乐乐的日常照顾好，想着法子让她"活"过来：带她去西藏游历，带她去贫困家庭做公益等，这是妈妈的爱。

乐乐这一年不在教室上课时，作为班主任，我每逢周末都把作业推送给她，期末考试的复习资料除数理化外都给她留一份；班级的所有活动安排都会告诉她；节假日给她微信留言：我想你了；有时看到一篇好的文章，或者一本好书，会分享给她，留下一段不长不短的话语，虽然她基本不回，偶尔回一下也是那句：好的。谢谢老师！

但我没有放弃她。

若按照高中生管理制度，乐乐这么长时间没来上课，若作旷课处理，她是要被开除的。但我们学校没有这样做，甚至校长也经常与我们讨论如何让这个孩子回到校园正常地学习、生活。

学校也没有放弃。

是的，不放弃。乐乐现在终于重回校园了。

一个孩子的成长，有时真的不是一个家庭或者一个老师能做到的，它需要合力，需要社会、家庭、学校三方面的共同努力，甚至有时多方努力也不一定有效果，但一定要有耐心，相信我们的爱会滋润每个彷徨的心灵，爱是经得起等待的。

⌒ 历练中成长 ⌒

班长在月考时因粗心大意，没有填涂考号，导致电脑无法识别，两科没成绩，年级排名靠后。家长得知情况后，担心孩子心里难受，要求我帮他手动更改，重新排名。虽然理解家长的爱子之心，但我还是拒绝了家长的请求。我告诉家长："让彭彭自己面对这个失误吧，他会寻找原因的，会从失败中吸取教训的。这不一定是件坏事。"

学校合唱节就要来了，我把合唱的准备工作交给了班长彭彭。

同学们一致选举彭彭担任合唱的指挥。可是，彭彭万般不愿意。"唉，老师，你可不可以找其他人呀，我真的不会呀！"他很委屈地说。

"大家知道你不会，但仍然把合唱最重要的部分交给你，说明大家是相信你的，认为你有能力做好此事。"

"不是的，他们找我做指挥，是想看我出洋相。"他沮丧地说。

"班长，你是担心月考的失误会再次发生吧？"

"嗯。"

"你是班长，就要勇敢地担起这个职责。我们就用这次的合唱指挥来抹去学习和工作中的粗心大意，好吗？"我尝试说服他，"只要你认真练习，专注于任务，肯定会出色完成任务的。"

"哦，那好吧！"彭彭不太情愿地回答。

"我和你一起去找音乐老师学。我把老师的指挥动作录下来，你回去看着练。"我鼓励他。

……

第一次合唱练习，班长指挥得很不到位，同学们都笑了。我告诉他回家看视频，跟着视频练习。第二次合唱练习，大家能够合着音乐在他的指挥下把歌曲唱下来了。第三次合唱练习，班长已经能指挥一首完整的歌曲了，当他手势一收，音乐声停，同学们都报以热烈的掌声。班长开心地笑了，并兴奋地告诉我，回家继续练习指挥，保证不出错。

合唱比赛结束了。虽然班级没有进入总决赛，但班长的指挥无可挑剔，零失误，他做到了。通过自己的努力，他成功地避免了失误的再次发生。

现在的彭彭做事更积极、更主动，也更细心了。

当一个刚刚学会走路的婴孩跌倒时，我们站在他旁边给予鼓励，给他加油，他会勇敢地站起来，继续蹒跚前行。以后，他会走得更稳、更快。

当我们遇到困难和挫折，逃避是解决不了问题的。只有直面困难和挫折，不回避，不逃避，迎难而上，解决问题，生命才能更加丰富多彩，我们的人生才能更有出彩的机会。

❧ 教育就要经得起等待 ❧

教育就要经得起等待，班主任是学生人生道路上的引路人，把学生引向正道是一个艰巨而漫长的过程。没有一次就成功的教育，接纳学生的行为偏差，相信他们能够改正，我们的教育生涯才会更加丰富，也更有意义。

小敏是高二文理分班时从重点班来到我们普通班的一名学生，但她没有那种被"贬"的情绪。一天到晚笑眯眯的，很有礼貌，学习认真，也很爱问老师问题，她是各科老师交口称赞的三好学生。但某天午休得知的信息，让我大跌眼镜，瞠目结舌。那天小敏的好朋友碧霞在办公室门外磨蹭了好久，进来后，她又磨蹭了一会儿才说："老师，你可不可以让小敏今晚不要再逃走了。"

"怎么回事，碧霞？"我瞪大眼睛盯着她问道。

原来小敏每逢周三、周五晚修结束后就会逃走，去其他人家里。室友们劝过几回，小敏都不听，今晚她又准备逃走。碧霞实在是太担心小敏了，只好来找老师，又怕小敏知道后友谊的小船就翻了。

答应碧霞不破坏她和小敏之间的友谊，我决定"偶遇"小敏。于是等到晚修结束时，我在校门外"遇"上了小敏，她当时吓了一跳，不知如何是好。"这么晚你不应该在这儿呀？"我假装惊讶道。"老师我……"她声音颤抖起来。

"老师送你回宿舍。"我的声音是不容置疑的，她只好跟我回学校。经过校道的休憩石凳时，我们坐了下来。"和老师说说实话吧，怎么回事？你不可能这个点回家的。"

"我去男朋友家里。"她低下头。

"唉！"我用力抓了抓她的肩膀。

"他是个怎样的人，值得你冒这个险？"我忧虑道。

小敏说了一堆她认为幸福的事，一副陶醉的样子。

"好吧，你给他打个电话，跟他说你今天不过去了，现在已经很晚了。"

小敏说了一通后，估计对方还在叽叽歪歪的，最后小敏说："我的班主任现在就在我身边，我今晚不过去了。"随后她挂了电话。

"你不过去，他不高兴？"我问道。

"嗯。"她低下头。

"这么晚，又没公交车，你又是女孩子，他考虑过你的安全吗？他真的在乎你吗？"

"是呀，我怎么就没想过这个问题呢？"小敏有点恍惚道。

我让小敏说说他们相处的细节。她说道："我以前周日回校前都会去他的家里，通常都是带着水果饼干去的。他基本上都是拿回房间自己吃，也不给他的父母，好像有点儿自私。还有，他好像很不上进，经常在家里睡觉，不去工作。"小敏一边说，一边开始审视她这个男朋友。

在教育学生时，教师直接把观点方法告诉学生，他们不一定接受，有时要顺着他们想的方向慢慢引导，让他们自己发现问题，觉察自己的无知。

和小敏聊了很久，最后她恳求我不要告诉她家人，她怕家人知道会很伤心。

"我能相信你吗？"我很认真地问小敏。

"老师，我保证，我以后一定不会再逃走了。我爸对我真的很好，我真的不想让爸爸知道。"

看着她那诚恳的样子，我心软了。接下来高三一年的时间里，小敏一如既往地认真学习，而且当班级有任务时，她都会主动承担；有个别学生误解我时，她会站在我这边，私下与同学交流。在她的引导下，很多学生都主动与我建立联系，甚至把我当成知心姐姐，经常向我透露心事。

那一年，我们班有6名学生考上本科，小敏是其中之一。

现在的小敏已是一名职场精英，在朋友圈里，我经常能看到她那灿烂的笑脸。每每看到她阳光的笑容，我的心就很踏实。学生出现行为偏差，要及时进行纠正。我们也要相信学生，相信他们能够改正，这是一个过程，既然是一个过程，就耐心等待吧！

教育有痕，幸福无价

广州市番禺区大龙中学　陈润贞

时光荏苒，我还是那么热爱我的选择，始终无悔于我的坚持。在我心里，十六载的辛勤耕耘留下了深深的痕迹，幸福，原来那么简单又珍贵。

让每一个学生绽放荣光

二十年前，在高三"一模"后的年级家长会上，一位老师对他的学生家长说："你的女儿学习很刻苦，目标应该可以订得更高　些。我认为，华南师范大学，她没问题的！"回家后，家长转述了老师的话，女儿哭了，因为她从来没有想过能够报考她梦寐以求的大学。终于，高考成绩在电视屏幕上滚动播出，当她看到成绩的那一刻，欢呼的声音响彻了天，她以高出华南师范大学中文系14分的成绩被录取。幸福就是这么简单，就是这样一句话，一句肯定的话，就燃起了女孩的希望，改变了女孩的人生；就是这样一句话，成就了今天的我，成就了站在三尺讲台传道授业解惑的我，成就了一名人民教师。

"当年你鼓励了我，如今我成了你。"当年恩师的暖心鼓励在我身上发生了强大的化学反应，成为我今天用心教书育人的催化剂。

十六年来，我始终坚持"教者父母心""教书育人"的初衷，认真履行教育者的使命——让每一个学生绽放荣光。

"知之者不如好之者，好之者不如乐之者。"当了十六年的语文教师，我一直坚持"民主、合作、教学相长"的教学理念和"实效、趣味、新颖、活泼"的教学风格。在课堂上，我努力用幽默、亲切、动听的教学语言感染学生，并开展有生命力、充满活力、情感真挚的教学活动，调动学生学习语文的积极性，锻炼学生的思维，开拓学生的视野，培养学生的语文核心素养。在课后，我喜欢与学生一起朗诵、一起辩论、一起演讲，并积极发掘学生的才能，积极辅导学生参加竞赛，取得累累硕果：省"暑假读一本好书"征文比赛一等奖、市"明日之星"现场作文大赛一等奖、市演讲比赛二等奖、区辩论赛一等奖、区诵读中华经典美文表演大赛二等奖……我创造了教学成绩年年超区平均分的"三中神话"。

"能让学生成为最好的自己，就是教育的最大成功。"的确如此！每个孩子的天赋存在差异，但他们的生命潜能无限！每一个孩子都有他的闪光点，都有他的特长，教师的天职就是让孩子成为最好的自己，以自己为豪！所以，无论孩子的起点如何，他们都能够积极参加学科各项竞赛，展现学习的能力与实力；他们还能大胆地弹唱跳画诵演，为学校艺术节增添了数不尽的精彩瞬间；他们也能奋力地奔跑跳跃，成为更快更高更强的自己，在校运会收获多个冠军奖杯；他们更能为了集体的一切，"牺牲"小我，成就最优秀的区先进班集体！

教育是诗，孩子们是恒久咏唱的美丽诗篇！我很庆幸自己能成为唱诗班中的光荣一员！

～ 不愿看见星星失去光芒 ～

十年前，我开始带迄今为止唯一一届完整的初中生。班上有这样一名学生：入学成绩全班排名第一，全年级女生中排名第三；小学时表现优秀，经常代表学校参加语文、数学竞赛，并屡获殊荣。这样一个女生，理所当然成为老师的"宠儿"。但她在学前教育的表现，却令我大失所望，甚至有些恼怒。第一天报到，当我叫学生们安静下来，开始点名时，她还在跟她的老同学玩得不亦乐乎；我选定她负责一天的值日工作，本想看看她有没有本事当班长，她却满不在乎，对一切不正之风熟视无睹；在烈日下练习广播体操时，大家都在努力固定一个动作，等待老师检查，她却东歪西倒；当老师在队列前面小结当天的训练情况时，她又是一脸的不屑，还斗胆跟旁边的女同学讲悄悄话……所有这一切，我看在眼里，气在心头。学前教育结束的前一天，我终于忍无可忍，严厉地批评了她。

作为班主任，最不情愿看到闪亮的星星失去耀眼的光芒！在开学前几天，我决定到她家进行一次家访。很奇怪，那天见到的她与学前教育中的她很不一样：她没有了那股傲气，脸上挂着腼腆又开朗的浅笑。我们的谈话就是在微笑的问候中展开的。我们聊了很多，我也知道了她的许多秘密：她在小学四年级时从湖南搬到广州，入读石岗小学，从来没有学过英语的她，第一次考试只考了15分。但这个不服输的女孩只用了一个学期的时间就追到了80多分。五、六年级时，无论大考还是小考，她总能保持在全年级的前三名。就是这样一次家访促成了我和她心灵的沟通，我了解了她，或许她也了解了我。就是这样一次家访，幸福就这么简单的开始了，开朗灿烂的笑容总挂在她的脸上，她在健康快乐地成长。三年后，她以全年级第一名的成绩考入了仲元中学；如今，她是中山大学的一名医学研究生。

五年前的一个早上，我早早回来看早读，却撞到他在抄袭同学的作业。这已经不是第一次了，我之前跟他"约法三章"，他再犯错我就要对他实行惩罚了。但他矢口否认。我俩针锋相对，后来他火了，他用那粗壮的手臂狠狠地向课室后面的铁门捶去，并向我吼道："陈润贞，我就不服你！"站在讲台上，我像一个打了败仗的将军。为什么？我们曾经不是很好的"朋友"吗？我挖掘他参加镇区辩论赛并亲自指导，他获得了番禺区"最佳辩手"的称号；运动会上他获得两枚金牌，我让他代表我们班站在最高领奖台上领奖，并鼓励他积极参加区运会；我不顾其他老师的反对，支持他继续连任艺术节的主持人……我不是他最应该感谢的"伯乐"，最值得尊敬的班主任吗？百思不得其解。是我用强硬的手段阻止他与一个成绩很不好的同班同学谈恋爱的缘故吗？是我太在乎他的退步而把他的缺点放大了吗？……我开始反思了，我应该学会"放手"，学会包容他的过错，学会在他的身后默默守护。静待花开，在半年后的中考百日誓师活动中，当我吃力地爬过全班学生筑成的人桥时，他将我沉重的身躯艰难地抱起，我俩拥抱着哭成了泪人。一个拥抱，融化了隔阂；一个拥抱，打开了心灵的天窗。四年前，他骄傲地成为番禺中学的一名学生；一年前，他凭着不服输的劲儿考取了心仪的大学。这些年，我们仍保持着密切的联系。

教育是画，孩子们是五彩缤纷的美丽画卷！我很庆幸，我能成为他们人生画卷中的美丽一笔！

∽ 那道特别灿烂的霞光 ∽

那一年，我接任初三（6）班的班主任工作。在这个班集体里，有一位特殊的女生——小霞。

小霞是一名随班就读的问题学生。以前的班主任为了避免她对其他同学造成影响，把她安排在教室的后面单独就座，她的周围都是高大的男生。男生们经常欺负她，她又经常反抗，大吵大闹；她爸爸在我校小卖部工作，同学一欺负她，她就跑去小卖部向她爸爸告状、哭诉，所以她爸爸经常来老师办公室说理。两年下来，这种情况使班级和老师办公室鸡犬不宁。小霞也因此成了年级的"名人"。

我在接手她的第一天就表扬了她："坐在后面的那位女生好安静啊，同学们看，她多乖，不像某些同学都开小差了。老师很喜欢你呀！"我这么一说，大家都蒙了，大眼瞪小眼。因为大家都知道我是第一次来班里上课，以为我什么都不知道。现在，我居然会喜欢小霞！这样一来，弄得平时经常欺负她的男生都不敢轻举妄动了，班里过了几天太平的日子。

小霞经我这样表扬，心里乐开了花，竟然主动来办公室找我套近乎。过了一个星期，我趁着调整座位的机会，把她调到前排来，她很费解，问我为什么。我回答："老师喜欢看着你、亲近你啊！你看，你坐在后面，被男生挡住了视线，连黑板都看不到，笔记都记不了，而且，你还那么认真地上语文课，老师都心疼了……"这么一说，她就马上自己把桌椅搬到前排来了，自己一个人坐在一边，独立成行。她旁边又是热爱学习、心地善良的女同学，这就没有男生欺负她的情况发生了；后面的男生，就更不敢到前面来欺负她了。

我喜欢跟学生交朋友，我不仅把小霞当成我的朋友，还跟经常欺负小霞的一众男生成了好朋友。我以真诚的态度与学生谈心、交往，进行情感沟通，给予他们充分的信任，特别是抓住他们的闪光点，给予及时的表扬，对他们采取多鼓励少批评的方式，从而建立起互相信任的、和谐的、亲密无间的师生关系，所以，即使过去两年他们都把欺负小霞当成习惯，但为了给我面子，都不欺负她了，还开始照顾起她来……一年下来，小霞的爸爸没来吵闹过一次！

我一直坚持教育全班学生要团结互助，做一个品德高尚的人，以真诚的态度去帮助同学，经营好我们温馨的"家"。我始终把责任心强、乐于助人的学生安排在小霞的旁边，督促其进步；要求大家主动借笔记给小霞，帮助辅导她学不会的功课……经过长期坚持不懈的实践，小霞对学习的兴趣渐浓，作文水平提升最快，我还在课堂上念过她写的文章。她与同学的关系也明显融洽了，心情比从前愉快多了，脸上也经常露出笑容。

小霞有一个怪癖：无论春暖夏热、秋凉冬寒，她都穿着长袖衣裤，从不脱下。前两年，同学们从来没见过她穿短袖，所以都以为她患了什么病，这也是她受欺负的重要诱因。而在初三，小霞穿了两次短袖：第一次是班级排演的节目在艺术节荣获一等奖，集体穿班服拍全家福的时候；第二次是集体拍毕业照的时候。大家终于明白：小霞没病，她只是不喜欢在人前穿短袖而已。但是，当她在乎身边关心她的人的时候，她就愿意为他们做出"牺牲"——这就是班集体的力量！

因为小霞的爸爸就在学校工作，所以我经常借去小卖部的机会与他沟通、交流，并在她爸爸的同事面前大肆表扬小霞的进步，让她爸爸笑开了花。现在小霞毕业了，但每次她爸爸见到我，总不忘说上一句："真的谢谢你教小霞！"

教育是光，孩子们是灿烂耀眼的星辰！我很庆幸，我能成为照耀他们前行路上的一个追光者！

暖心的鼓励，破冰的家访，热情的相拥，用心的呵护，辛勤的耕耘，无悔的坚守，教育留下了深深的印记，幸福成为无价的珍宝，足矣！

做一个幸福的班主任

广州大学附属中学增城实验中学　崔国潮

幸福的班主任是冬日里的一抹阳光，可以让学生受伤的心得到慰藉；

幸福的班主任是一杯芳香的龙井茶，可以让学生泄气的心重拾信心；

幸福的班主任是一朵芬芳的玫瑰，可以让学生疲惫的心充满力量……

～ 遇见更好的教育方式——国防教育 ～

2017年8月，得知自己要担任七年级一个智慧实验班的班主任和任教两个班的语文，久违七年级的我，既喜悦又彷徨，还有一些压力，喜悦的是不用承担毕业班成绩的压力，彷徨的是听说智慧实验班会紧跟时代的步伐使用iPad（平板电脑）来上课，我不知道如何操作。让我感到一些压力的是，据说这些学生成绩相对要好一些，如果他们成绩考差了该如何是好呢？接手实验班后，我一点也不敢懈怠，经过一个学期的努力也取得了一些成绩：运动会在学校和年级都是第一名，班级文化评比年级第一名，多次被评为学校的文明班……

然而一切都不是想象中的那么如意，新的挑战终于来了。学生们因在春节过得不亦乐乎，开学后依然是聊微信聊到手机不离手，电脑游戏玩到热火朝天，部分学生还无视晚自习纪律，公共区值日缺席，宿舍内务卫生乱糟糟；部分学生开始看爱情小说和科幻小说，甚至有部分学生出现早恋的苗头……天哪，过了一个春节，所有的问题犹如山洪暴发一样喷涌而至，让我措手不及，再这样下去，这个智慧实验班就会变成一个学渣班了。

一个福音传来，我们学校将和广州大学附属中学合作办学，并引入这所名校的教学资源和管理资源。国防班也是广大附中的办学特色之一。国防班按照军事化管理，除了正常的文化学习，还将增设军政理论课、国防知识讲座、军事体育课及军事技能课等课程。庆幸的是，我们班被学校定为国防班。学生将接受国防教育，并对他们实行军人般的纪律要求。有军人般的纪律要求，以上的问题都将不成问题，我心中窃喜。

带着这个福音，我们班的学生参与了题为"传承红色基因，铸造国防英才"的国防教育主题活动，进行了为期三天的军训活动。

国防教育要求学生增强国防意识与集体主义观念，培养团结互助的作风，增强集体凝聚力与战斗力；要求学生提高生活自理能力，培养思想上的自立，帮助学生养成严格自律的习惯；要求学生不但要领略军人无私奉献的伟大精神及不怕困难的崇高品质，而且要发扬"同心协力，艰苦奋斗"的光荣传统；要求学生坚守铁一般的纪律，严于律己，服从命令，坚决完成各项任务；要求学生培养顽强的意志，敢于吃苦，勇于拼搏，发扬"流血流汗不流泪，掉皮掉肉不掉队"的精神……

在这三天的国防教育中，学生们一个个精神抖擞，站着整齐的军姿，做着标准的动作，喊着响亮的口号："听党指挥，敢打胜仗，为校争光！"那嘹亮的口号在实验中学的操场上回荡，形成了一道亮丽的校园风景线。

通过三天国防教育的洗礼，学生们都好像变了一个人似的，个个精神抖擞，每个人看上去都非常有气质。我也趁着这次国防教育进行了一次班会课，对于以上提到的一切问题对学生进行教育，学生们都异口同声地表示要拿出军人的气概把坏习惯改掉，这是我这个学期上得最开心的一次班会课。

国防教育进入校园，以军人铁的纪律要求学生，让红色的种子在学生的心中生根发芽，让学生把这种精神运用到学习中。我相信这种不一样的教育会有不一样的收获！

❧ 做一个幸福的班主任就是不失时机地对学生进行教育 ❧

小炫，我任教语文科（不当班主任）的一个班的学生。他上课爱睡觉，下课就蹦蹦跳跳，真可谓"上课一条虫，下课一条龙"；他笔记基本上都不做，哪天心情好就做一下，而且笔记上的字都很潦草；他在全班齐读书的时候，嘴巴在动，眼睛却不在书上，是神游式的读书；作业向来都是随随便便应付地做，或者不做……上课提醒他不要睡觉，他基本当作老师没到，像一摊烂泥那样粘在桌子上，怎么叫都叫不醒；我也经常点他名字，提醒他完成作业，想要纠正他的学习态度，真的是难上加难。

有一天，我在食堂巡查学生吃饭情况的时候，看到小炫一个人呆呆地坐在那里，一动也不动。于是，我走过去问他："小炫，你坐在这里干什么？"他没有说话，也没有搭理我，还是呆呆地坐在那里。我又问他："你吃饭没有呀？"他依然呆呆地坐在那里，还是没有理我。于是我想："他今天究竟受到什么刺激了呢？平时可不是这样。我要趁机教育一下他。"于是我就带着调侃的语气跟他说："你这个样子好像比丢了金子还严重，当然啦，上课不听课，笔记也不做，作业也不交，没有目标，心里没有一个寄托，当然是这个样子啦，你把自己弄丢了。"他还是呆呆地坐在那里，没有跟我说话，但是我看到他的眼泪在眼睛里打转，坐了一会儿，他拿起书包默默地离开了。

又有一次，小炫和另外一名学生一起来到办公室，目光在他的班主任的办公桌上游来游去，好像在找什么东西似的。我不经意地跟他开玩笑说："小炫，是不是掉了一块金子啊，到处找东西？"他说："不知道班主任今天的蛋糕有没有剩余，我们今天晚上没吃饭，肚子好饿啊！"这时，我想起办公桌抽屉里面还有几块当备用早餐的蛋糕，于是就说："我有哦，你们要不要啊？"他们干脆利落地回答说："要，当然要啦。"我又说："要，可以，但是有三个要求，一是上课不能睡觉，二是要做好笔记，三是要完成作业。""好。"他们说完就像饿了几天的样子，过来抢着吃蛋糕。我当然也提醒他们，男子汉大丈夫，说得出就要做得到，希望他能说得出做得到。

还有一次，我在讲《背影》这一课的内容，当我问"最让我们感动的事情是什么"这个问题的时候，小炫突然举起手来。他大声地回答说："最令我感动的一件事是作者的父亲给作者买橘子。"我问："为什么？"他又回答说："作者的祖母死了，父亲还是坚持去买橘子。"我觉得这个问题回答得非常好，于是叫同学们给从来不举手回答问题的小炫鼓掌，以示鼓励。同学们鼓完掌，我继续鼓励地说："这就是我们需要的小炫。其实小炫很聪明，问题一下子就能回答出来了，只是平时没有重视自己的学习态度，惰性太重了而已，希望小炫能真正改变自己。小炫，能改变自己吗？"小炫回答说："能！"我再次提议同学们给小炫一次热烈的掌声。这时，我又看到小炫的眼泪在眼睛里打转了。下课后，小炫过来跟我说："老师，以后我保证每节课都像这节课那样举手回答问题，如果我做不到的话，就抄一次《亲爱的安德烈》。"这时，我也对他笑了笑，心里充满了喜悦，我真的希望这名曾经的学困生能够改变自己。

是的，有时候对部分学生的教育不会立竿见影，而是要多次不失时机地进行教育。

◇ 做一个幸福的班主任就是要学会坚持 ◇

一个教师会影响学生的成长，一个班主任会影响一个班级的发展。要做一个好的班主任，就需要有一种信念，一种一如既往地"坚持"把这个班带好的信念。

有一天，班里一名学生穿着窄脚裤进入班级，我发现这个学生违反相关规定后，在班上提醒大家要自觉遵守班规校纪。第二天，上语文课时，这名学生又穿了窄脚裤坐在教室里。课后，我把他请到办公室，告诉他不要穿窄脚裤进入教室。第三天，他依旧穿了条窄脚裤进入教室。我抑制住了自己的冲动，深吸了几口气，冷静地找这名学生聊天，并专门上了一节名为"窄脚裤的影响"的班会课，又抽时间见了这名学生的家长。

后来，从家长口中得知，原来他是在跟同学打赌，如果能连续穿三天窄脚裤的话，就能得到一顿不少于一百块钱的肯德基。机缘巧合，这时候我们正好在学习《藤野先生》这一课，我刻意详细讲了中国女人裹脚的故事。我说，中国女人裹脚，以前看来是风气，今天看来是封建，是愚蠢，是无知。能经得起科学验证的才是真理。其实青少年也一样，今天你觉得那是潮流，可能明天你就会发现那是愚昧。青少年正处于身体发育的旺盛期，应该多穿宽松的运动服，让身体能长多高长多高，能长多壮长多壮，这样我们才能对得起我们的身体，对得起我们的父母。课堂上，学生对裹脚方面的内容很感兴趣。我想这也是一个教育的契机，所以，我又组织学生开了一场关于裹脚利弊的辩论会。在辩论会上，学生们各抒己见。课后，该学生没有了之前的傲慢和嚣张，而是多了一份惭愧。后来，这名学生竞选当上了班上的劳动委员，勇敢地承担了每一次的劳动任务……

做好班主任，需要坚持。坚持，是专业，是美丽，是幸福。

三尺讲台是我的人生舞台，彩色粉笔是我的人生画笔。我希望能在以后的日子里与学生一起创作出我们更美丽的人生画卷，做一个幸福的班主任。

爱与智慧

广州市番禺区洛浦沙滘中学　邓铁文

孔子曾经教导我们说："知之者不如好知者，好之者不如乐之者。"对于班主任工作，我们究其理念，探其规律，寻其方法，从"知之"到"好之"到"乐之"，用爱心和耐心润泽每一位学子，用慧心和创新工作化育、点悟每一位学子。

❧ 瞧，腾龙班之船长 ❧

"我的班级像一艘船，驰骋在知识的海洋，一往无前，劈波斩浪，给我智慧和力量，哺育我茁壮成长。"嘹亮的班歌总是萦绕耳际，激荡我心。作为船长，我在思索，如何让这艘腾龙之舟乘风破浪驶向理想的彼岸呢？

船长要有一双慧眼。船长要细心观察，深入调研；下发调查问卷，了解45名舵手的家庭情况、性格特点、学习能力、兴趣特长等；针对每名舵手的特点，组建实力雄厚的班干部队伍；按照优劣搭配、异质分组的原则，组建2×2互助共进的四人学习小组。

船长要有一双巧手。船长要与船员一起描绘腾龙号的宏伟蓝图，制订前行路线，共同制订班级公约和班级制度，筹划班级活动；设计组名、组训、组规，依规学习，师傅帮教学友，师傅们共研难题，学友们共学共进，树立组兴我荣的观念；组内互助共进，组间互竞共进，互学共进，一方面采用小组评价与个人评价相结合的方式，以小组评价为主，个人评价为辅；另一方面采用形成性评价和终结性评价相结合的方式，既关注结果又关注过程，使学习过程和学习结果的评价达到和谐统一，从而逐步形成腾龙班良好的班会和学风，班际间你追我赶，助力腾龙班领航。

船长要有一颗慧心。静心协调各科关系，统一原则，每科作业每天的完成时间控制在30分钟内，协调配合，实现学科作业均衡化发展；耐心协调师生关系，手指有长短，学生有差异，总有那么几个调皮捣蛋的学生易激怒科任教师；缓和情绪，换位思考，多做自我检讨；细心协调生生关系，正确处理男生之间的争强好胜、女生之间的钩心斗角，以及男、女生之间的情感问题；用心协调家长与孩子的关系，孩子在家只顾着玩游戏，不做作业，不听父母的话，父母只好请老船长出面，约法三章，依章办事，孩子会好一段时间，家长再次修正约定，如此反复，双方关系逐步和谐。

〜 有一种成长叫作换位 〜

那是一个黄昏，我坐在办公室批改作业。突然发现小花的作业本中夹着一张纸条，上面写着：

尊敬的邓老师：

有一件事情使我很苦恼，我需要您的帮助。我不想和小青做同桌了，因为小青不再和我玩了，却换成与小兰玩了。初一和初二，我和小青是好朋友，每天几乎形影不离。现在她突然和小兰好了，和我疏远。我们之间没有吵架，我也不知道为什么会这样。看到她们有说有笑，我心里很难受。所以，我不想天天面对小青，我不要和她同桌了。其实内心深处，我还是希望她和我好。

看着这封信，我不禁陷入了沉思。对中学生来说，朋友很重要。可是中学时期会有很多变化，那些变化使他们难以维持一段友谊。当孩子从一个阶段发展到另一个阶段时，随着自身需求的差异，他们有机会自己选择朋友，或是决定是否选择新朋友。小花是一个比较内向的孩子，她的感情比较细腻、敏感，正经历着这种友情的选择与更新，承受着这种成长带来的阵痛。

我提起笔，给她写了一封回信。

可爱的小花：

　　非常感谢你对老师的信任，对我说出了你的苦恼。首先我替你感到高兴，你和小青已经是两年的好朋友了，说明你们很有缘分，友谊很深，这非常难得啊。现在她和小兰成为好朋友，你会非常在意，甚至哭泣，这可以看得出你非常珍惜这份友谊，更是一个重感情的人，要不然也不会这么伤心。可是，你要明白，出现在你生命中的每一个人都是你人生路上的过客啊。你的同学、家长、老师、亲戚、朋友都是过客，有些人陪伴的时间比较长，有些人陪伴的时间比较短，但无论时间长短，他可能是重要过客，也可能是匆匆过客。你读小学时会有要好的同学，初中时会有像小青一样要好的同学，我相信在高中、大学，以及以后步入社会工作时的同事、恋人，等等，都会有你的重要过客。他们出现在你人生中的不同阶段，你也会像今天一样遇到好友的走近与离开，因此，你需要做的就是好好珍惜。同样，在小青的人生中，你也是她的一个重要过客。

　　你知道保持友谊持久的秘诀是什么吗？是尊重、理解、互助和包容。尊重和理解是前提，互助和包容是催化剂。真正的友谊，不应该占有，而是尊重和理解。如果小青现在和小兰是好朋友，那你要尊重她，同时要反思，自己是不是做得不够好，不能给小青带来更多的正能量，时常反思，你可以看到自己的不足并及时改进，才能更好地成长，成为正能量满满的人。我在想，小青和小兰在一起，可能是因为小兰身上有很多东西吸引着她吧。

　　如果可能的话，我希望你们三个人能够成为好朋友呢。你们之间可以互相学习，互相帮助，通过一年的共同努力与拼搏，三个人都能进入理想的学校，甚至是同一所学校。如此，你们三个人又有高中三年的同学缘。这样会不会更好呢？老师真心祝福你，祝福你们。

　　我将这封信夹在了小花的作业本中。

　　两天后的清晨，当我踏入教室，迎面看到小花和小青正在讨论数学题。小花抬起头，我看到的是她欢喜而透亮的眼睛。我知道，小花的内心已经发生了一些变化，她正勇敢而坚强地去面对生活中的改变，去接受和欣赏生命给予她的成长。

❧ 花儿还是那样红 ❧

每一个孩子都是一朵花，只是花期不尽相同，花的生长需要土壤、阳光、雨露和空气，学生的成长同样需要阳光雨露的滋养。

初二上学期第二周，我接到小花爸爸的一个电话，说小花得了抑郁症，医生开了药，并建议在家静养一周。我愕然了，怎么可能！她的成绩在班级和年级都是名列前茅的，她在卫生委员岗位上做得非常好，她是同学心中的学霸，是老师心中的优秀学生，是家长心中的好孩子，是三好标兵呢，怎么得了抑郁症呢？

带着疑问，我约了她爸爸到校面谈。据小花爸爸介绍，她得抑郁症的原因有两个：一个是想妈妈了，另一个是担心考不好。家庭重建，她后妈待她很好，可她还是常常会想起她的亲妈，尤其是暑假回家乡她与亲妈相处了几天后，一直闷闷不乐；她的成绩一直名列前茅，却担心考不好辜负家人的期望，导致每一次大考前，心里都特别紧张，晚上睡不着，甚至出现失眠的情况。

家庭重组后，她的爸爸这边的家人和小花亲妈都对她很好，她算是幸福的人，可他们时常会在小花面前诉说对方的不是，这导致小花无所适从，不知道究竟应该听谁的，惘然的她变成了一个受气囊。家庭发生变化，但小花是无辜的，不应该遭受此罪，因此，我建议小花的爸爸中止这种不正当的行为，不能让事态进一步恶化。首先，向她道歉，毕竟家庭的变故给她带来极大的伤害；其次，做出承诺，在孩子面前不说对方的是非，多说正能量的话；再次，共渡难关，多抽时间陪陪小花，让她不再孤独；最后，共同减负，身体健康第一，在学习方面，尽力就好，大家多关注过程，别太看重结果，尤其要避免以"家长都这么辛苦"的名义宣告"你一定要努力学习"，让她感受到学习不好的话，便有一种负罪感。

如此这般呵护这朵花，一天，二天……三个星期过去了，小花不再那么憔悴了，逐渐恢复到以前的样子。小花只是千千万万朵花中的一朵，在经历了一场家校风雨洗礼后，回归自然，花儿还是那样红。

∽ 成长节点，教育契机 ∽

辉，一个聪明而调皮的学生，重哥们儿义气，愿意为朋友两肋插刀，与父母关系不融洽。初一，他伙同杰一起去商贸城偷东西；初二，他与英语老师发生争吵，有身体的接触，父亲当场给了他一个巴掌。学校给辉记大过处分。

记大过处分，看似皆大欢喜。学校处理了违规学生，又起到杀一儆百的警示作用，英语老师心中解气，家长觉得学校的处理结果应该可以稳住辉的心。然而，我发现，辉基本一切照旧，并且大家开始远离他，他变得孤单了。辉的人生来到一个关键节点，他能否顺利渡过这个节点，他的人生会朝着哪个方向走，作为班主任，我很担心。我担心他会越走越远，担心他会做出一些更加反常的事，担心他会走向另一个极端——自暴自弃。我决定拉他一把。

"称兄道弟"，拉近距离。自己转换角色，成了辉的哥哥，实施"哥哥"对弟弟般的关怀；及时公开表扬他上学不迟到，作业基本上能按时上交，上课不捣乱，不睡觉；私底下投其所好，关心他喜欢的东西，给予物质奖励。一段时间后，他逐渐敞开心扉与我这个哥哥分享他的心事。同学对他的态度发生了一定的转变，由远离他到不讨厌他。"称兄道弟"，让辉与同学、老师的关系有了初步的转变。

"趁热打铁"，提高影响。从自己任教的学科着手，让数学这科成为辉的亮点。首先，我让辉担任了数学科代表，这既为辉提供了一个服务班级的机会，又促使辉天天与我见面沟通；既给他保留了面子，又提升了数学成绩。其次，我让辉参加班际篮球赛，辉立下汗马功劳，帮助班级拿到了第二名的好成绩。同学对他的态度也由不讨厌提升为有点喜欢，甚至开始羡慕他。看得出，他的自信心提高了不少。

"撤销记过"，完善自我。借助初三升学契机，引导辉撤销记过。通过自身努力，辉在数学科目上有一定的优势，我顺势鼓励他提高其他各科成绩。功夫不负有心人，从初三第一学期期末到初三"一模"考试，辉的成绩进入全年级的中等水平，深受科任老师的认可。借此机会，我与辉一起向学校提出撤销记大过处分，全体科任老师均同意了辉的申请。同样的升旗仪式，不一样的是，辉此次上台是撤销自己的记大过处分。辉撤销了大过处分，顺利通过了学业考试，进入了番禺最好的一所职中——番禺新造职中。

我继续我的教育教学工作，留意每个孩子的变化，关注他们的喜怒哀乐。

某天，我接到一个电话，"老师，你还记得我吗？"当我听到这陌生而熟悉的声音，我激动地说出了辉的名字。辉跟我说："很开心老师还记得我的名字，我要去参军了，感谢您对我的帮助，谢谢您，老师！"在参军的现场，我看到了一个充满朝气的大男孩，我看到了一个充满正气的准军人。

蒙蒙细雨，滋润种子的梦境；融融春意，慰藉孩童的心灵。学生成长的节点，就是我们教育的契机。我们要抓住教育契机，关注教育关键节点，帮助学生渡过艰难时期。这样，教育在我们智慧的工作中必定会开花结果。

做孩子的"伯乐"

广州市番禺区化龙中学　冯伟清

　　我曾认为，成功的教育应该是让每个孩子都能成为品学兼优的人，为此设定了一条条标准，费尽心力地把孩子们限定在标准中。后来惊觉：教育不是"生产"，怎能套个模具，批量制作。教育是培养新生一代准备从事社会生活的整个过程。所以，教育不是把孩子变成我们想要的样子，而是应先了解孩子，然后顺应孩子原来的样子，引领与帮助孩子去认识自我，发展自我，从而成就更好的自我。就如积极心理学所主张的："研究人类积极的品质，充分挖掘人固有的潜在的具有建设性的力量，促进个人和社会的发展，使人类走向幸福。"同样，教师也应致力于挖掘孩子的优点与正能量，促进孩子的发展，让孩子具备储备幸福的能力。

点燃心灯，勿忘初心

　　从小，我就有一个教师梦，梦想成为孩子心中的明灯，温暖孩子，指引孩子前进。

　　2001年，我实现了我的教师梦，走上了三尺讲台，成了一名班主任。

　　学校要求严格，每天都有各种评比检查。孩子们欺负我是新人，总给我出难题，这使我常常焦头烂额。经过向前辈们虚心求教，以及自己反复思虑后，我决定从"规矩"抓起。我设想着一个优秀的学生应该是怎样的，并以此为出发点，制订了严格、细致的班规。我端起"严师"的架子要求孩子们必须遵守我所制订的班规，并持之以恒地对一切违纪行为严惩不贷。终于，孩子们被我"驯服"了，班级在各项评比中脱颖而出，我成了学校最年轻的"优秀班主任"。我暗自得意，认为这确实是"成功的教育"，然后就用这样的经验管着一届又一届的孩子，直到遇到小俊。

小俊是个很特别的孩子，他成绩优秀，长相斯文，却性格暴戾，心胸狭隘，容不得别人说他半句不是。班干部管不了他，甚至对我，他也敢当面顶撞。我当然容不得他如此嚣张，开学不过两周，我就把他家长请到了学校。我认定他是一个被家里宠坏的孩子，决定好好治治他这坏脾气。

小俊的妈妈听我控诉完小俊的"恶行"后，很是惊愕。她说小俊在家里很乖的，他爸爸是一退役军人，对他从小就进行军事化的管理，要求很是严格，小俊在家里对父母几乎是言听计从的。

在家里对父母言听计从的孩子，在学校却公然跟班主任叫板？这届新生入学还不到两个星期，我和小俊可是新认识的，远日无怨，近日无仇，虽然因为他违反纪律起过冲突，但也不至于能赋予他如此的勇气，敢于当面顶撞班主任。我和小俊的妈妈都陷入了疑惑，坐我旁边的王老师突然发话了："这个孩子会不会是因为长期在家受到严厉的管束，心理压抑，现在来到新环境，又进入了青春期，就忍不住爆发了？"

那天晚上我失眠了。我查看了一些心理学方面的知识，想着小俊，想着小俊的父母，想着自己，感到越来越不安：小俊的父亲认为军人的行为习惯很优秀，就用军人的标准来培养孩子；而我也在用自己认为"优秀"的一套标准来要求孩子。可孩子是活生生的、有血有肉有灵魂有思想的人啊，岂能按他人的意志而生长？若执意而为，他们的心灵岂不会因此而扭曲？而心灵已然扭曲的孩子，优秀与成功于他们而言还有什么意义呢？

我越是深思，越是冷汗涔涔。我想起了自己为人师的初衷，想起了纪伯伦说过的一句话："我们已走得太远，以至于我们忘了为什么而出发。"原来，在成功的诱惑下，我已迷失了自己！

痛彻心扉的反省坚定了我改变自己的决心。

第二天，我约见了小俊的父亲。我用自己的忏悔引发了他的反思，他答应我改变对小俊的教育方式。

我也在努力改变。我走近孩子，观察、倾听、交流，分享他们的快乐，分担他们的烦恼。我发现孩子的世界是一座大花园，不只是姹紫嫣红才是明媚春光，草木青青、奇石怪山也是艳丽春色。

再后来，我成了孩子们（包括小俊）的亲密伙伴。小俊的脾气越来越平和了，他能和同学们有说有笑了，也爱找我聊天。当他跟我说起他父亲时，他的笑容最为温暖，而每当这时，我总是心里暗暗庆幸自己"迷途知返"……

我们班不再是各项评比的常胜将军，我也不再常常"优秀"，但孩子们灿烂的笑容总是让我心里亮堂堂的！想成为孩子们心中明灯的我，让孩子们化作了我心中的明灯！照亮我，温暖我，让我勿忘初心，坚定前行！

～ 用爱教会爱 ～

初三，我接手了一个班的班主任工作。才上任两天，我就在大街上遇到班里的小展牵着一名女生的手。在接手这个班级之前，我已经向前任班主任曾老师了解了班里每个孩子的大致情况。据曾老师说，长相帅气的小展是年级里出了名的"情场王子"，从未缺过女朋友。所以，眼前所见到的情景也没让我多惊讶。小展见到我先是一愣，然后一笑，松开女孩的手，若无其事地转身走开了。

对于青春期孩子的恋爱，我虽不赞成，却能理解。孩子的恋爱行为只要没有影响他们正常的生活与学习，我就只实行积极关注，不会贸然地强行实行"棒打鸳鸯"之举。

只是曾老师也曾说，小展是个临界生，如果初三这一年他能努力拼搏的话，考高中不是问题，但若还是继续不思进取的话，估计就只能读职中了。

初三，对于一个孩子的一生来说可是一个重要的转折点，作为班主任，我觉得自己还是要努力一把，看能不能成功劝散这一对小鸳鸯。

我特意把小展叫到风景宜人的操场，还没开口，小展就抢着说话了："老师，我知道你要跟我说什么。你放心，我今晚就发信息跟她说分手。"我愣住了，难以置信之下断定这小子是想哄我！小展似乎看穿了我的心思，竟把那女生的具体信息告诉了我，还说我若不信，可以联合女生的班主任一起对他俩进行监察。我更迷惑了：这是怎么回事啊？是两人串通好的缓兵之计吗？

我决定不动声色，寻找机会拆穿他再说。

我还没找到机会，隔壁班的梁老师却告诉我，她发现她班里的小杏和我们班的小展恋爱了！小杏我是认识的，就是那个牵手的小女生。我彻底蒙了，这孩子到底是怎么回事？

反复思量后，我发现经验主义将自己带入了误区。曾老师说过小展的父母离异，我凭经验就断定小展是因为缺爱才恋爱的。确实，单亲家庭的孩子在青春期更容易恋爱，但这孩子对待感情如此儿戏，必定另有乾坤。

苏霍姆林斯基说过："教育的任务首先是了解孩子。"了解孩子是教育的基础，而我还未对孩子进行全面的了解，只凭经验来判断孩子的问题，犯错那是必然的。

我决定到小展家里去看看。避开小展，我来到了他的家，也找到了问题的症结。原来，小展一直跟随他妈妈生活，妈妈很强势，对小展极为严厉，小展无法从她那里得到爱的满足，自然就容易恋爱了。因为父亲的出轨导致父母的离异，对丈夫恨得咬牙切齿的妈妈经常向小展控诉他父亲的不是，渐渐地，小展对爱也不再信任。

了解了情况，我就能更好地帮助孩子。

我先就小展的问题与他妈妈进行了耐心的沟通，最终达成了共识，一起努力对小展进行爱的教育。

小展妈妈与小展进行了一次深度恳谈后，在家里开始了她"爱"的行动……

而我在学校，除了常常关心小展的生活与学习，给他安排"小老师"辅导功课等，更是用心地观察小展，挖掘他的长处，为他搭建平台，一展所长。例如，我发现他篮球打得挺棒的，就让他带头组建班级篮球队，并四处帮他们约赛；我发现他字写得挺不错的，就任命他为班级宣传员，负责班级板报……在我的引领下，小展展现出了不同于以往的一面，他在班级里越来越活跃，也越来越自信。

慢慢地，几个月过去了。一次，我俩聊天时，我半开玩笑地问起他现在在和第几任女朋友谈恋爱，他不好意思地笑了笑，说："老师，我从良很久了。恋爱的事情等我能独立负责任了再说吧。"

我感到由衷的欣慰——我们用爱教会了孩子爱，也让孩子发现并成就了一个崭新的自我，这样的教育不正是成功的教育吗？

做孩子的"伯乐"

班里召开分层家长会，一位早到的家长遇到在班里帮忙准备的两个孩子，请求他们给她说说她儿子的缺点。两个孩子都说她儿子挺好的，可那位家长还是执着地让那两个孩子说出她儿子的不是。我赶紧打断，笑着提醒那位家长："您为什么不问问您儿子有哪些优点呢？"岂料那位家长竟说："我来学校就想了解他有哪些地方做得不好的，我回去好督促他改进。"

是呀，发现孩子的问题，指出孩子的不足，然后督促孩子改进，鞭策孩子进步，这是为人父母者，甚至是为人师者常用的教育手段，这有错吗？

心理学家鲁道夫·德克斯说，行为不良的孩子是丧失了信心的孩子。他们为寻找归属感和自我价值感而选择了一种错误的方式。我们不能只处理行为，还要处理"行为背后的信念"。换言之，教育者要想帮助行为不良的孩子纠正其行为，就得先帮助他们寻找归属感和自我价值感。教育者向孩子指出他们的不足，指责、批评他们的问题，岂能帮助他们寻找归属感和自我价值感？这只怕会弄巧成拙，让孩子更无信心，继续破罐子破摔了。所以，我们见到知错就改的孩子是很少的，见到的更多的是知错犯错、一错再错的孩子。

我们总习惯看到孩子的问题，却容易忽视孩子的优点。我们若要帮助孩子克服自身的问题，修正自身的行为，就先要转变自身视角，发现孩子的闪光点，做孩子的"伯乐"！

有一位心理老师接受了一位班主任的求助，帮他处理班里一个据说是有着种种恶劣行径，又"刀枪不入"、屡教不改的孩子。这位心理老师给了这个孩子一张纸，让他写写自己的优点，要求多写，不然就不准走。孩子写完后，心理老师一看，首先就发现了这个孩子的字写得很好。后来，心理老师把这个孩子的优点传达给那位班主任，建议他根据孩子的这些优点，尽可能地创设机会与平台给孩子表现，特别是可以把班里的板报以后都交给他来做。班主任按照心理老师的建议去做了，一段时间后，就惊喜地发现了这个孩子的转变。

积极心理学认为，每个人身上都有积极的品质，都有潜在的具有建设性的力量，只要把这些品质和力量挖掘出来，就能促进个人，甚至是社会的发展。我们要当孩子的"伯乐"，就是要帮助孩子把自身积极的品质和潜在的具有建设性的力量挖掘出来，从而帮助孩子树立自信心，找到归属感和自我价值感，最终促进孩子的发展和自我完善。

著名的教育案例《只有你能欣赏我》向我们证明了当孩子的"伯乐"的神奇魔力。案例中的孩子在幼儿园时期就被老师认为有多动症，在小学时被老师认为有智力障碍，在初中时被老师认为考重点高中有点危险，但他的母亲一直告诉孩子他有他的优点，他的老师很欣赏他，只要他再努力一些，他会变得更好。母亲"善意的谎言"和她始终坚定的欣赏，让这个孩子一路前进，最终考取了重点大学！

一个从小被认为有多动症、有智力障碍的孩子，最终却考取了重点大学，这是怎样的奇迹！而促使这一奇迹发生的不正是孩子的妈妈——他的"伯乐"吗？若没有妈妈这位"伯乐"，孩子这匹"千里马"就会被埋没了。

"世有伯乐，然后有千里马。千里马常有，而伯乐不常有。"早在一千多年前，才子韩愈就慨叹要有千里马得先有伯乐，只可惜伯乐"不常有"。

在一千多年后的今天，希望老师、父母都能成为孩子的"伯乐"，不要错失任何一个让孩子成长的机会，不要让任何一个能成为"千里马"的孩子被埋没！

与蜗牛同行

广东第二师范学院番禺附属小学　关楚贤

　　每次读张文亮的《牵一只蜗牛去散步》，我的心都禁不住颤抖起来，就仿佛在书中能够找到了自己的影子一样。回想一下，班上那些总是犯错误的、总爱欠交作业的、总爱动手打人的孩子，那些学习怎么辅导都上不去的孩子不也是一只只小蜗牛吗？那一个个与小蜗牛同行的故事，也慢慢浮现在我眼前。

☙ 遇见黄叶 ❧

　　我们班上有个名气不小的画家爸爸，他的宝贝女儿是个慢性子，同样的学习任务她至少要花别人两倍的时间才能完成，学习成绩自然也不太理想。

　　今天，画家爸爸的女儿又因为课堂测验没有办法按时完成需要留堂补做而延迟放学，画家爸爸在学校门口没接到孩子，径自上教室找她来了。平时难得一见的画家爸爸出现在我面前，我当然得抓紧机会"反映反映"这小家伙的学习情况，毕竟这是一个加强家校沟通，增强共育效果的好机会！

　　"欲抑先扬"是我万用万灵的法宝，我说："轩轩进入了识字和课文的学习后进步真不少啊！这比之前学复韵母那段时间好多了！感谢你们在家里协助我复习巩固认读的效果哦！"画家爸爸摇摇头，说："不是的，我没有管她的功课。她记性很好，只是不太自觉。"看来第一招不太灵，我愣了愣，继续直奔主题说："不过今天我发现小家伙没有预习课文，也正因为没有提前预习拼读，所以读课文不太流畅！我问过她了，她说昨天忘记预习了。"画家爸爸又点点头："是啊，她在家不太自觉。不过我对她作业的要求比较少，我只要求她看好多的课外书。"我总觉得画家爸爸有点答非所问，但他鼓励阅读这一点我是很赞同的，于是我点点头说："这很好啊！良好的阅读习惯是学好语文乃至其他学科的基础。"

他似乎并没有听到我的话，把手中的一片黄叶递到我的面前，很认真地说："老师，您看，在好多人眼中它只是一片落叶，但我不是这样认为的。您看，每一片落叶的纹理、构图都不一样，色彩更不一样，多美啊！一叶一世界！真美！每次看到落叶，我都会俯身把它捡起来！"我愣住了，细看他手上的黄叶，的确，叶子并没有完全枯萎，叶子的中央还有三四个绿点，黄色的地方也不是枯黄，而是那种充满秋天气味的金黄……生命的苍翠掩藏在生命的成熟当中，美！的确很美！"别人喜欢画春花秋月，我却喜欢画残荷落叶，那种美，别人不待见！"他继续补充说。我还在发愣，画家女儿做好作业出来了，跟着她的爸爸走下了楼梯，而我，却久久待在走廊，体会着画家爸爸话语间的弦外之音。

是啊！每一片落叶、每一片花瓣，都见证了生命和存在的最深秘密，我们本应该从微小的事物里发现伟大，让它超越所有的数与量的尺度，让所有叶子，成就一个大全，成就一个世界，成就一个宇宙。的确，一叶一世界，而我们的孩子，不也是一个个鲜活的世界吗？当我们看到孩子"枯黄"的时候，有没有细细寻找着"枯黄"所掩盖的"翠绿"？当我们埋怨孩子不争气、不听话的时候，有没有看到那原本属于孩子的本性的美？又或者，这枯黄，本来就是一种人间的美。

孩子们本来就千差万别，在我们都渴望满园芬芳的时候，是否能发现映衬在旁的绿叶的美？是否关注过花儿脚下的茵茵绿草？是否曾留意那准备化为春泥的黄叶？又或者，是否能瞥见那正在落叶底下负重前行的小蜗牛？这确实值得我们再三思量啊！

ᥞ 冲动的惩罚 ᥞ

凌晨一点多，床头的手机响起了短信提示音。我睁开蒙眬的睡眼打开手机，原来短信是来自那个经常欠交作业的小蜗牛——睿睿的妈妈。我揉揉眼睛仔细地读了起来：

"老师，真不好意思，这么晚了还打扰您，很抱歉！可是我们夫妻二人翻来覆去睡不着，所以还是冒昧给您发短信了！睿睿今天中午一回来就哭了，一直在哭，午饭也没有吃，下午回来也是一个人躲在房间里生闷气，晚饭也没怎么吃。她在生我们的气，昨天晚上她发高烧了，吃了退烧药还说要做作业，但我心疼孩子制止了她，还承诺说今天会跟您沟通向您解释清楚她没有完成作业的原因，她才肯上床睡觉的。可是今天早上起来我就忘记了……是我忘记了！她一直埋怨我忘记跟您解释！老师，真对不起！明天您帮我跟她做做思想工作可以吗？"

我的脑袋"嗡"的一下，睡意顿时消失殆尽。

回想起上午课上的点点滴滴，我依稀记得批改时发现少了她的作业，全班就缺她一个。我把她喊到讲台上来，板着脸恶狠狠地问道："作业呢？你的作业呢？"当时她的头埋得很低，轻声说："妈妈叫我不要做……"这半句话刚冒出来，我的怒火就上来了："你怎么这么多借口？你妈妈不叫你做你就不做了吗？老师的话你咋不听？补！给我补两遍！补好了才可以放学！"睿睿紧咬着牙，小脸由白变红，由红变白，双眼里泪花滚滚，一滴一滴地落了下来……课间我让她在我办公室补做作业，直至把作业全部补做好了才让她放学。于情于理，没有完成的就得完成好，这是天经地义的事情，但让我觉得最不安的是：她是因为昨晚发高烧才没有完成作业的呀！

一整个晚上，她那委屈的小脸和强忍的泪花一直在我脑海里回荡……我仔细寻思，又想起了昨天下午睿睿已经告诉过我她头很疼，只是当时校医用体温计测量过没有显示发烧，就给她简单处理了一下，现在回想起来估计当时已经是发烧的前兆了。

上午她不是正想解释没有完成作业的原因吗？我当时为什么要打断她不

让她把话说完呢？如果让她继续说下去，估计她就会道出是因为发烧她妈妈没有让她做完作业这个缘故了吧！我怎么能不听解释，不问青红皂白就罚一个因为身体不舒服而没有完成作业的孩子呢？我的愧疚感越来越重——为自己的冲动，也为自己不问缘故的惩罚！我再也睡不着了，只期盼天快点儿亮，好让我跟我的小蜗牛认认真真地道个歉。

自此以后，我开始懂得了"聆听前世，清视在下，鉴莫近于斯矣"这句话的深刻含义，而"让孩子先把话讲完"就成了我跟孩子对话时恪守的准则。我慢慢地发现，倾听是教育的前提，它成了我与孩子心灵沟通的桥梁；倾听是教育的手段，它成了我及时、全面了解孩子的纽带；倾听是教育的等待，在倾听与应答之间，我成长了，孩子也成长了。感谢睿睿，让我听到了鸟叫，让我听到了虫鸣，也让我听到了小蜗牛们心底的声音……此后，因冲动而造成的不当惩罚再也没有发生过。

∽ 红薯的故事 ∽

鸿子，是个小胖墩，多动症顽皮小宝贝一个，课上各种开小差，课间各种犯错误，为了他，我真的快操碎心了。

就像今天上午，早读、早操、两节语文课再加半个小时的大课间，我好不容易才上完了课回到办公室，凳子还没坐热，水也还没有来得及喝上一口，班上几个小姑娘已经簇拥到办公室门口来了。"老师，鸿子打架了！""老师，鸿子和小明打架了！""不是的！是鸿子打小明了！""小明哭了！"

听了一轮状告，我十分生气。我三步并成两步，气汹汹地冲到教室门口，一眼就瞥见小明正趴在课桌上抽泣，而鸿子呢，像一只斗赢了的公鸡，见到我丝毫没有半点惊怕，左手插着口袋，右手指着小明，扯高嗓门大声告起状来："关老师——"这不是恶人先告状吗？我一个箭步冲到他的面前，怒目横眉，大声地吆喝道："你！住！嘴！"他显然被我震慑住了，垂下了眉眼，低下了头。"你为什么打小明？老师不是跟你讲过很多遍了，君子动口不动手，咱们有话好好说，不能打人吗？"我冲着他大声训斥道。"说！是不是你先打小明的？"他点点头。"为什么无缘无故打别人？"他眼皮抬起来，很大声地冲我嚷嚷道："是他先撞到我的！"

真是岂有此理！看着旁边又瘦又小的小明，再瞅瞅高大粗壮的鸿子，我头一扭，一顿更猛烈的训斥劈头盖脸而来："撞一下你就要动手吗？撞一下你就要打人吗？撞一下你有这么严重至于打人吗？"我像一只被激怒了的母狮子，不停地说，直到我认为自己的说教已经面面俱到没有遗漏为止。言罢，我清了一下嗓子："去！跟小明道歉！"鸿子似乎真的知错了，他挪到了小明面前，左手动了一下，不过并没有抽出来，而是伸出右手拍了拍小明的肩膀，轻声道歉："小明，对不起！"

教育达到了我预设的效果，我满意地点点头，迈着轻松的脚步正准备离开教室。突然，脑门后又响起了鸿子那又响又亮的声音："老师，等等！"我瞥了他一眼，没好气地说："怎么了？挨训挨得不够？"没想小家伙眉头一扬，嘴巴又开始嚷嚷了："老师，今天妈妈煮了红薯，我给你带了一个最大的，给！"插在口袋里的左手终于抽了出来，小胖手里捏着一个被压扁了的大红薯，红薯掉了点儿皮，估计是被他反复抓捏弄掉的。"可惜刚才被小明撞扁了！"他很认真地补充说。

我目瞪口呆，羞愧得几乎说不出话来！天呀！这平时遭尽我嫌弃的"小胖蜗牛"，竟然一直惦记着我不知何年何月念叨的一句闲话，把他认为最大最好的红薯给我捎过来了。可是这一番暖暖的心意没有得到我的善待，我却给了他一顿恶批呀！我脸烫得像火烧一样，颤抖着双手接过他的红薯，久久地立在那里挪不开脚步。而他像一只欢快的小鸟，几步就冲进课间雀跃的孩子丛中，似乎刚才什么事情都没有发生过一样。

那一刻，我似乎闻到了来自"小蜗牛"身上的花香……

记得《三字经》里边有这样的一句："亲爱我，孝何难；亲恶我，孝方贤。"其实于教育而言也是这样的，平心而论，"于优生，爱何难"？优秀乖巧的学生确实讨人喜欢，他们得到的关注自然会多。但身为教育工作者，面对像鸿子这样的"小蜗牛"，我们应该付出更多的爱心、关心和耐心，努力发掘"小蜗牛"缺点背后的闪光点，才能更好地做好教育教学工作。大爱，方能无疆啊！

　　回首过去的教育教学生涯，形形色色的小蜗牛真的是数不胜数啊！面对他们，我们常常费尽了心力也不见半点起色，不是吗？与其着急，我们倒不如慢下来与小蜗牛们一同前行吧！不声张，不催促，牵蜗牛而行，贴蜗牛细语，把心与蜗牛而居，将生命触角与蜗牛触角同行，在云天碧水辗转的岁月静好中，留下与生命厚重的共印。

用心守护，为学生点亮一盏灯

广州市番禺区市桥桥兴中学　郭丽君

人总有迷惘的时候，有想逃避困难的时候，也有失意低落的时候，这就如船只迷失在一片混沌之中，失去了前进的方向。如果在这一刻能有一座灯塔为其指引方向，它将走出困境，甚至会驶向成功。"师者，所以传道授业解惑也。"在我看来，作为教师的我们除了要传道授业，更重要的任务是解惑，为学生照亮前路。也许我们的力量很弱，但是有时一盏灯往往能让处于困境中的羔羊迷途知返。

∽ 惩罚也是一种爱 ∽

有这样的一个笑话："世界上有两种东西会趴玻璃，一个是壁虎，一个是班主任。"一听之下觉得挺形象的，班主任好像就是一个爱挑毛病的存在，时时刻刻把学生的不是记在心里，有机会就会指责。在某些学生的心里，班主任就是给他们带来尴尬和愤怒的人物。曾经的我年少气盛，对教育充满激情，冲动地认为一切都能掌控，或者说我要掌控一切，让学生都能按照我认为对的方向一直走下去。那时我没有想到，如果一个人与你的意见不合，而你用言语迫使他对你屈服，那必定会激起更多的愤怒和不甘。但如果我们温柔友善，耐心引导，必能化解其中的愤怒和矛盾。学生若能通过你的行动感觉到你对他们的负责和爱，那么我们的教育就能事半功倍。

记得有一次检查听写，有两名学生没有更正，其中一个是小蓝——平时很乖的一个女生，另一个是经常欠交作业的男生。小蓝欠交的理由是找不到听写本了，昨天晚上更正过的。但是无论如何，欠交作业是事实，还是需要接受惩罚的，于是我就让他们俩到教室后面罚站，以示惩戒。小蓝虽然站到了后面，但是也在认真听课做笔记。刚开始的时候我也没有太在意，在布置了其他学生的任务后，我就走到小蓝身旁，想要了解情况。不问还好，一问之下小蓝就变得情绪激动起来了，她很不理解我对她的惩罚，说着说着眼泪就流下来了。我知道她正在气头上，现在跟她说什么都是白费心思，我就让她先冷静一下，迟点儿再跟她聊。

下课后我又找小蓝了解情况，小蓝表面上已经恢复了平静，但心中对这件事一定有看法。我觉得应该跟她好好聊聊，拔掉她心里的那根"刺"。谈话中，小蓝很不理解我让她罚站的举措，觉得这跟她丢了听写本无关，也觉得我罚她没有道理，觉得委屈。我一听就知道小蓝钻了牛角尖，如果不对她好好进行引导的话，她不但不能正确看待这件事，还可能走上歪路。谈话到此，小蓝又显得有点儿激动了，我先稳住她的情绪，引导她整理自己的想法：是不是现在觉得心里很难受？把错误归在老师身上是会觉得好受一点儿，还是会越想越觉得生气？人难免会犯错，何况是求学阶段的学生？犯错不可怕，关键是要懂得错在哪里，下次如何避免犯同类型的错误。这就好比走路时遇上了一个坑，一不留神摔倒了，我们是应该怨天尤人责怪这里为什么有一个坑，还是要自己爬起来好好记住教训，下次避开这个坑呢？前者是消极的，后者是积极的，就看你如何选择了。老师的惩罚有些时候就是为了让你们长记性，并不是为了难为你们。老师也是一视同仁的，不会因为谁平时表现好了就放过谁，就算是科代表做得不好也会一样受罚的。你从自身出发，好好想想，是不是觉得没有了那份委屈呢？老师是想对同学们负责，但是不惩罚真的就是对同学们好了吗？经过一番谈话，小蓝慢慢接受并明白了我的意图，洗了脸之后重新进入课堂并投入学习。下午小蓝还特意写了道歉信给我，说谢谢我对她的严格。

课堂上发生的小插曲不禁让我想到，近年来一些越闹越凶的师生矛盾都是因为惩罚而起的，很多老师都怕惩罚学生。但在我看来，教育是要采取一定的措施的，不能简单地说教，只要在双方沟通好的情况下，惩罚也可以是很好的教育手段。但不能无因而罚，也不能罚了就是罚了，罚后要做好引导工作。

本着为学生发展的心，严师才能出高徒。教育学生是为了让他们认识到错误，以后避免犯错，而不是为了磨掉他们的锐气，非要他们低头认错。"爱之深，责之切"可能成了很多班主任的写照，但作为教师的我们更应该发挥聪明才智，多想办法引导学生，拒绝简单粗暴地只是让学生认错。

∽ 磨炼也是一种收获 ∾

温室中长大的小花总是比不上野草强韧，在呵护中成长的孩子在面对困难时总会有点儿不知所措。挫折和磨难是最好的老师。由困难引发的失意往往是最危险的。面对磨难，如果我们能摆脱不良情绪，勇往直前，我们将取得想要的成功。踏入四月，初三学子离中考又近了一步。时间一天一天地过去，学生们的心情仿佛也沉重起来了。想想刚在初二接手他们这个班级时的那一张张稚嫩的面孔，在今天看来好像都有了不一样的变化。经历了一次又一次的考试，有些学生获得了成功，找到了努力的方向，有些学生却变得迷惘。

每年的"百日誓师"都是我校初三年级的一件大事，可以说是学生们摆脱幼稚走向成熟的关键。一句句"加油，坚持住！"的打气声，一个个颤抖着却依然坚持的身影，都给学生们留下了难以磨灭的印象。团队竞走要求各组队员在挑战时不能松手，更不能说话；组长不需要参加竞走，只须站在终点指挥队员就可以了。这样看似简单的规则让所有的学生都吃了亏。第一轮挑战在教练们严厉的一声接一声的"犯规"声中结束，这时学生们才后知后觉地发现这个环节的残忍。各个无辜的组长因挑战失败和队员们的犯规被罚做上百个俯卧撑，队员们只能在旁边干着急，甚至有些队员不忍再看而低下了头。好不容易等组长们的惩罚结束了，新一轮的挑战又开始了。这一轮，队员们都变得谨慎了，但是教练无情的"犯规"声还是此起彼伏地响起。毫无疑问，挑战再次失败。组长们继续接受失败后的惩罚，与此同时，队员们看着组长们颤抖却依然坚定的身影变得更加沉默了，有些队员甚至哭了起来。挑战还在进行，在队员们的搀扶下，组长们刚挺直了腰就迫不及待地开始讨论研究方法，也试着跟其他小组进行合作。第三轮的挑战如期而至，大家都小心地应对，队员们都闭紧了自己的嘴巴，紧握着前面同学的脚后跟，专心致志地走好这段长征路。犯规的次数虽然降下来了，但是挑战依然失败了。面对无情的责罚，这次学生们选择的是一起面对。这次地上不再只有组长们颤抖的身影，队员们也都纷纷卧下，陪着组长一起受罚。在那一刻，同学们的心是连在一起的，是永不屈服的；同学们的斗志也从那一刻被点燃了。教练告诉同学们，合理的要求是锻炼，不合理的要求是磨炼。这场团队竞走恰恰是对所有同学们的一种磨炼。失败不可怕，可怕的是失落的情绪，那不仅会阻碍着你向前跨越，更会困扰着你的心。困难和磨炼能够唤醒我们的斗志，是我们克服挫折和苦难的一剂良药。某些磨炼可能会是残忍的，但现实不正是这样？我们只有提起斗志，冲过重重的障碍，才能到达成功的彼岸。

道理讲一百遍，比不上亲身感受的震撼。学生们总是听着老师和家长的教导，说外面的竞争是如何的激烈，如何的残忍，但毕竟都是纸上谈兵，并没有什么实在的感受。而"百日誓师"这次磨炼让他们真真正正地感受到了真实。也正因为这样的磨炼，学生们好像都燃起了斗志，找到了自己的奋斗方向，并向自己的目标前进，奔跑起来。

～ 适合的才是最好的 ～

时至五月，又到了凤凰木飞花的时节，毕业季也快要来临了。在这五月里，学子们都在辛苦地备考，同时在为自己的前途努力奋斗着。一模结束后，部分考得不错的学生沾沾自喜，而考得不怎么样的学生正为自己的前途发愁。报考志愿在即，如何引导学生向更好的方向发展，成了教师首要解决的问题。这时，我不禁想起了校长总挂在嘴边的话："适合的才是最好的。"在大多数的家长或是学生眼里，考上高中才称得上成功，考了职校仿佛就是多丢脸的一件事情。但事实真是这样吗？

有这样一次机会，我和部分学生及家长一起参加了一个中职成果展。入场之前我只觉得这是一项政治任务，对这个成果展没有任何的期待。但刚进入会场，我看见了来自不同职校的学生在进行展示，那种专业和自信的风采顿时震撼了我。原来这个成果展也不是随便凑数的，而是一个真真正正展示职校学生风采的大舞台。面对来自各行各业的家长，学生们从容不迫、自信优雅地向每一位来宾展示自己的专业。大会上，来自不同职校的学生，用精彩的表演向我们展示着他们的与众不同。他们用不同的舞蹈向我们展示同样的自信和精彩。其中最让我印象深刻的是来自新造职中的一个表演。该表演是由几个专业的学生共同完成的，其中商务英语专业的学生用他们流利的英语为节目伴唱，服装设计专业的学生则穿上了自己亲手设计的服装在台上走秀。一首首悦耳的英文歌曲，一件件漂亮别致的衣服，无不在向来宾展示出他们无悔的选择。精彩的人生，也可以从职业学校开始。

这不禁让我思考，让所有的学生都升读高中真的就是一件好事吗？在旧有的观念中，职中仿佛是不成材的代名词，很多家长或是学生都不愿意升读职校。有多少资质一般的学生每天奋战在题海之中，却得不到一点点的成就感，勉强升读高中真的对他们就是最好的安排吗？越是临近志愿的填报，这个问题就越是出现在我的脑海中。今天看见了那么多来自各所职中的学生，看见了他们从容自信的一面，我对升学有了不一样的看法。一位优秀毕业生在发言时提到，一切都是最好的安排，享受学习，学好专业，这是她今天成功的一大法宝。每个人都有自己较为擅长的方面，同样会有短处。有些人能轻松地解决一道数学难题，有些人花双倍的时间也不一定能解答出来。与其逼着小鸡学会像老鹰一样飞翔，何不引导小鸡学会自己该有的谋生本领？

我看过一个比喻，把不同大专院校的毕业生比作乘坐不同交通工具到达某地的旅客，而用人单位的老板们所关注的并不是他们怎么达到这个地方的，而是他们所具有的工作能力。对于大部分老板来说，与其花高价请一个高学历的本科毕业生，不如请一个价钱合理、专业对口的大专生，甚至是一个中专生。这也是这几年某些中专学生就业火爆的原因。

如今，职业学校在不断地革新，很多与新兴产业相关的专业都能在各大职校中找到，而它们所教授的知识已经大大地超出了我们的想象。升学方面比之前多了很多种途径，有些学校更是推出了3+2学段的教学模式，学生毕业后就能获得相应的大专学历。这一切无不反映着社会进步对人才需求的转变，与其让学生固执于面子拼死考上高中，再苦苦地挨上三年，何不现在就让他们立志学好一门手艺，学好一门专业呢？

正所谓"条条大路通罗马"，中考志愿填报在即，我真心希望家长和学生都能摘下有色眼镜，好好看待职中这条道路，因为这也是一条前景可观的出路。

静待荷满塘

广州市番禺区象贤中学　何爱莲

荷塘效应告诉我们，在满池盛开的"临界点"之前，荷叶的生长都处于蛰伏状态。荷花在盛开前必须经历漫长的滋长期，一旦到了最后一天，便会瞬间爆发，美不胜收。从2012年开始，每年高三我都接手新的班级，且是同层次班级中倒数第一的班级。班上许多学生的行为习惯和自律能力都很差，班级许多正常秩序也没有办法建立起来，同学之间和师生之间的感情并不融洽。但我会尽力为他们的高三时光带来一些温暖和感动。每次，我都会告诉孩子们，再坚持一下，你们迎来的就是"满园绽放"的成功。我坚信，只要我们肯付出爱，主动将阳光播撒到孩子的心灵世界，与孩子共同经营一起走过的时光，一定会收获感动和幸福。

巧用"荷塘"效应

2012年，我们学校在全校范围内推行"三元整合导学模式"，那年我担任高三（6）班的班主任。"高三实行教改不是拿我们来做实验吧？"有学生提出疑问。甚至有学生说："老师，我要向教育局投诉！"高三年级的学生对此意见很大。

面对学生的困扰及担忧，我没有退缩，我觉得能将此化危为机，在班级的管理上实行新改革，凭我对"三元整合导学模式"的专业理解，我坚信：教改一定会使课堂优化，提高教学效率，提升班级管理水平，高考不仅不会受到影响，而且质量一定会有所突破。导学型的教学管理组织形式属于一个学习型组织，个人、小组、班级相辅相成、融合互动；我将学习小组转化为班级组织管理的主体部分，一般六人一组，在尊重学生自愿的基础上实行男女、强弱、性格特点组合，每组设小组长一名，组长持有班长权力，管理小组德育考核，成为良好学习氛围的领头羊；组内每名学生担任一个学科的科代表，使学生人人参与，锻炼能力，培养自信；在这种学习小组的氛围下，组员建立共同愿景，培养学生的主动态度、团队意识及沟通与交流、互助与协作的能力。

小组合作机制就如"荷塘"效应，虽并不能短时间见效果，但它的最大优势就是组长培养与评价机制，通过一系列的鼓励措施，小组各成员慢慢地相互取长补短，班级学生的自主思考能力、合作学习能力、班集体荣誉感和自我克制能力均能得到很大的提高。通过耐心的宣传、指导、跟踪和评价，学生们在经过一段时间的体会后，我所带领的（6）班发生了明显的变化：昔日的（6）班懒散、不主动，如今（6）班勤奋、积极，课堂上学生主动质疑、积极讨论、充分展示自我，课后反思梳理，学生真正成了学习的主人。

正如万志豪同学所说："以前上课我会偶尔打瞌睡，现在采用这种模式上课，根本不可能再睡了，讨论、思考、探究，上课忙着呢！"刘仁杰同学则告诉我们："我以前不怎么读书，但在学习小组的带动下，我对学习有了目标，特别是在互相讨论中，我很受启发，成绩进步很大！真想不到，进步就这样悄然而至！"

面对新改革、新挑战，我们要有"荷"的精神：从冉冉成长、亭亭玉立、硕果累累再到焕然新生，做学生荷塘的守护者，静待花开。

静待"荷塘"浮小叶

高三学业压力大，在面对成长路上的挑战与失败时，学生常常会感到彷徨、无奈和失望，部分学生甚至会出现放弃的念头。我们要细心聆听学生内心深处的声音，多听学生的想法，分析他们的需求，明白他们的心理需要，和他们一起思考、成长，收获酸甜苦辣，静待"荷塘"浮小叶。

2017年9月的某一天，我接到一个家长的电话："何老师，我现在已经不知道如何跟小顺沟通，小顺每天晚上都将自己困在房间里'做作业'，但我们夫妻俩经常加班，很晚才能回家，进入高三，我想多关心关心孩子的学习状况。今天晚上我跑进房间，想关心一下小顺的学习情况及使用手机情况，唠叨了几句话，他觉得家人很烦，很啰唆，便大声地说'不要管我，你很烦！'，将我推出房门，把自己锁在房间里……"原来父母忙于工作，平时对孩子甚少关心，他们之间的隔阂比较大，孩子对这迟来的关心很抗拒。

"00后"的孩子觉得自己什么道理都懂，认为在某些方面他们比我们知道的更多，如果再以说教的形式跟他们讲道理，他们会觉得无法跟我们沟通，觉得有代沟，因此我常常利用游戏让学生去体验并感悟。

我约小顺到办公室，跟他玩拉橡皮筋的游戏：比比谁的耐力大。他一听到做游戏便很开心地答应了。我跟他明确了游戏规则：两人用食指各拉橡皮筋的一端，慢慢地各自往外用力，使劲地拉，必须使劲地往外拉，要持续两分钟。拉橡皮筋的过程中，我说："小顺，你有什么感觉？累吗？"小顺说："我一开始觉得两分钟很短，但现在发现挺长的，累了。"10, 9, 8……倒数到2的时候，我突然放手了，小顺尖叫了一下："哇，老师，您不提前说就放手！"接着我追问："老师松开手的那一刻，你又有什么感觉？痛吗？""好痛的，老师！"小顺说。接着我跟小顺一起探讨了三个问题：一是拉橡皮筋的过程，就如平时你与同学、老师或父母在某些问题中没能达成一致，觉得自己的想法或做法是对的，一直处于僵持状态，累吧？二是双方矛盾不解决，用对抗的心态来互虐——双方都痛。三是在平时的学习或生活中，你是否很厌倦老师或父母的约束呢？刚才我突然放手不管你，其实，一方先放手，最终最痛的是哪个？你的生活中有类似这种矛盾吗？小顺若有所思，跟我分享了前晚跟他妈妈闹矛盾的事情……

学生在成长过程中，正如那小荷零星地漂浮在池水上，有时候需要孤独地面对外界的风吹雨打，却又无法快速生长出新的"荷叶"与"根茎"来强大自己。我们要为他们指路，为他们解开心中的那个结。有时，他们也需要陪伴与他们一路同行，给他们力量，给他们打气。

✿ "荷塘"四面芙蓉开 ✿

不少高三学生都会出现一种"高原反应"现象：学生的学习成绩好像既上不去，也下不来，学生每走一步都很吃力，反应也比较迟钝，虽然他们很想摆脱这种状况，但又不知所措。学生的这种感觉状态对进一步的学习是非常不利的，也很容易导致一种焦虑的备考状态，甚至怀疑自己的智商是否出现了问题，从而最终失去继续冲刺的决心和迎接高考的信心。作为班主任，我们需要帮助学生克服学习、考试的心理障碍，提高心理素质，健康成长。

二模还未结束，刚考完数学，小敏敲门进来："老师，您有没有时间，我想找您聊聊天。"这是一名成绩不错的学生，是我班的班长，她学习刻苦认真，对自己要求也较高，家长对她的期望也很高。她说："我这段时间比以前更勤奋努力了，上课已经不再打瞌睡了（这个女生原本比较喜欢睡觉，但学习很认真，有选择性的打瞌睡习惯），虽然很想努力学好，但总是学不进去，感觉自己效率低了好多，很怕考不上本科，辜负了家人的期望。我上了高三之后，成绩一直下滑，即使比以前认真，也还是下滑，特别是数学成绩下滑幅度较大，现在看到了数学试卷就有畏惧感，您说我现在该怎么办，好担心！"

我感觉小敏正处于缺乏自信的"高原状态"，也就是说，由于她整天强迫自己避免失败，反而在客观上使自己时时刻刻笼罩在失败的阴影里。这时，她肯定备感焦躁，忧心如焚，若不及时改善，极易灰心丧气，注意力分散，身心疲惫，甚至自暴自弃。我对她说："学习就好比荷花的生长，长出的荷花是阶段达成的目标，而你的学习过程就像小荷在全新环境中扎根生长的过程，即便暂时还未能绽放出娇艳的花朵，但是泥土中的根与茎一直在积累、生长，一点点的量变，慢慢等待质变直至爆发。"这就好比学生的学习，其实学生是在不断进步的。对知识的掌握也如荷塘开满荷花一样，小荷一直在不断地生长，终有一天会荷花满塘。我信心满满地告诉她，我会和她一起面对。

利用"减法"策略，我引导小敏在短期内适当减少做高难度的练习题或套题，暂时回到基础练习上来，让大脑有机会减压和补氧，从而逐步恢复到正常的状态。以退为进，先退后进，退是为了清新头脑，调整状态；退是为了补充能量；退是为了以更好的身心状态继续前进。同时，我帮她制订切实可行、高而可攀的目标，并帮她体验到自己在向目标奋进，时常感受到成功的快乐，引导她建立有利于提高思维品质的优题集和错题集，扭转思维定式，增强信心。

我还引导小敏采取"加法"策略，增加课外调节和放松的活动时间，如慢跑、听音乐，和同学聊聊天，进行一些轻松的课外阅读，为大脑补氧。高考体检后，小敏又来到办公室找我："老师，您好！我有点事想跟您聊一聊。"原来，小敏因为医生的一句话，误以为自己患了"心脏病"，害怕极了，无法静心复习。我对她说："你身体向来都很好，因为这段时间学习太紧张，导致出现这种现象，放假就放假，休息就休息，该娱乐就娱乐，适当放松自己。现在你所学的基本都定型了，更何况你基础不差，这是你的优势，来！我给你瓶白花油，没事的！"那一周每天放学后，我都陪伴她到足球场慢跑，聊生活，聊爱好，聊美食……这样的调节持续了一周，之后，她基本恢复到之前的备考状态。

在接下来的几次模拟考中，小敏渐入佳境，答题时比过去从容了许多，条理也清晰了很多，弱势学科数学、物理也有所突破。更重要的是，班级中如她这样的学生很多都能一扫以往的焦虑情绪，从内向、自卑逐渐变得乐观、自信。我为班级学生的这些转变感到欣喜，因为这些孩子正如荷塘里的荷花一样选择继续深深扎根，默默努力滋长，他们不放弃，不抛弃，等待最后铺满"池塘"。

一个都不能少

广州市番禺区钟村中学　何少绮

　　班主任们被笑称为天底下最小的官，可是干的事情一点儿都不比其他真正的行政主任少。班主任由于身兼数职，事务繁多，常常会把关注点放在容易出问题的学生身上，而忽略了其他学生。事实上，教师必须公平公正地对待每一个学生，这与学生的成绩、出身、性格、智力没有任何关系。一个真正有人格魅力的教师，总能发现每一个学生的优点，尊重每一个学生，无论他是乖巧还是顽皮，愚笨还是聪明。这样的教师能用师爱的阳光照耀每一个学生，因为一个都不少。

来自星星的孩子

　　2012年，我接任当时初二（2）班的班主任。当我迈着轻快的步伐走进教室的时候，迎面而来的是40多双好奇又期待的眼睛。可是我很快便发现，在一片纯真的小脸中，有一个学生戴着帽子，深深地低着头。她安静地坐在教室的一角，似乎没有因为我的出现而受到打扰。后来，我知道了她叫小莹，是一个特殊的学生。她从来不说话，哪怕是老师问她，她也只是呆呆的，有时会笑一下。上课的时候，她永远是无休止地用她那蓝色和红色的笔涂满满满的一页纸。大课间和体育课，她总是自己一个人躲在教室里面。伴随她的是每天都重复的连帽衣服，哪怕是30多度的大热天，她也会戴着帽子，把头压得低低的。面对这样的学生，我开始有点不知所措了。老前辈们告诉我：这样的学生，我

57

们根本做不了什么。我们只要保证她在学校里不出什么事情就好了。于是，当我再次面对班上那个戴着帽子低着头的孩子的时候，我变得理所当然了，我变得冷漠了。

转眼间一个学期过去了，小莹的头压得更低了，而我面对这一切却视而不见，我认为那不是我能够改变的！一天中午，我正在午休，一个电话把我吵醒了。一个男人在电话里面含糊不清且带着哭腔给我讲了一个故事。后来我才知道那是小莹的爸爸，他那天喝醉了，所以才有勇气给我打这个电话。他告诉我，小莹从小就不喜欢说话，很少表达自己。小学老师也许认为她是内向，也或许跟我一样明知道她的情况却视而不见。特殊的小莹慢慢成为同学孤立和嘲笑的对象，成了老师眼中的透明人。而真正导致她不再说话的原因是：在小学二年级她回家的路上，几个调皮的男同学为了捉弄她，居然把她的裤子扯掉了！这个可怜的孩子根本不知道如何表达这一切，如何面对这一切！于是她选择永远保持沉默。这是路上的村民看到后告诉小莹爸爸的。电话里小莹爸爸的声音越来越模糊，我甚至有点儿听不清楚了。可是最后我分明听到他说："老师，请您可怜一下她，帮一帮她吧！"这句话像一个重锤一样一下一下重重地锤在我的心上！

如果当初小莹的老师能多看她一眼，能多引导其他学生，能用正确的方法帮助小莹融入班集体，小莹会选择封闭自己吗？我想到自己当班主任以来对小莹的冷漠、无视，我和其他人又有何区别呢？漠视不是冷处理，是变相的歧视，是变相的伤害。我用我的无知一直在伤害着一个天使般的孩子。面对所有人的歧视，她选择包容，选择封闭自己！

一轮内心纠结后，我终于想明白了：我所做的不一定有用，但作为老师坚决不能用不知道有没有用作为借口而放弃一个孩子！从那天起，我开始阅读有关特殊儿童的书籍，了解那些来自星星的孩子，努力学习如何帮助他们！

每天上课前，我总会坐到她身边，告诉她："老师很高兴看到你。"下课后，我会欣赏她课堂上的"画作"，对她说说我对她的画作的看法，我甚至会把她的画作和其他学生的作文贴在班上一同展示。我告诉孩子们，那是小莹的文章，她用她独特的方式在跟我们相处。大课间，我会拉着她一起到运动场踢毽子、跳绳。一开始，她只是呆呆地看着，后来有毽子踢到她身边的时候她也会踢上两脚，然后又呆呆地看着。学生们也许是受到我的感染，慢慢地也愿意跟她玩了。虽然她依旧不说话，可是当我们在课堂说笑的时候，我惊喜地看到她那双躲在帽子底下笑得弯弯的眼睛！我告诉班上的孩子们，小莹是我们的天使。既然上天安排她来到我们班，我们就有责任保护她，照顾她，让她安心、快乐地在我们班生活。

终于迎来毕业的那天，离别时刻，我与班上的每个孩子都拥抱道别。轮到小莹的时候，她依然没有跟我说一句话，哪怕是一句再见。可是当她用双手抱着我的时候，我知道，我所做的一切都是值得的。

班长的烦恼

小然是我们班的班长，不但人长得秀气，举止也是温文尔雅的。她写的毛笔字在区里的比赛中获得过一等奖。她从小练习古筝，一曲悠扬悦耳的《春江花月夜》绝对会让人听得如痴如醉。在教她之前，我甚至不知道原来一个人可以如此多才多艺。她似乎什么都懂，而且特别懂事，教她的老师都感叹道："如果有这么一个女儿，那该多好！"就这么一个孩子，学习根本不用老师和家长操心，她还常常操心班里的事务。谈学习态度轮不上她，纠正生活习惯也没有她的份儿，她被我归为绝对放心的一类。可是我万万没想到，她开朗的外表下却藏着深深的恐惧。

一天，一封放在我桌上的信，揭开了这名好学生的烦恼。信的开头第一句是："老师，我向来恐惧这个世界，原因是我的眼睛。"原来这个孩子的眼睛从小就不好，从记事到现在看了不少医生，情况却越来越严重，戴了眼镜之后视力只是从之前的0.2上升到0.3。眼镜对她来说只是一个聊胜于无的工具。上课时的笔记她全部都是靠听，她甚至嘲笑自己是半个瞎子，更让她感到害怕的是电脑课。电脑上一个个跳动的字对她来说都是遥不可及，模糊不清的东西。想到上学期期末那退步的成绩，想到将来，她弱小、敏感的心灵几乎崩溃了！恐惧已经占据了她的整个心灵！走投无路的她给我写下了这封信，信里面的一字一句都像针一样刺痛着我的心！这孩子曾经跟我说过，她眼睛不好，希望能坐得靠前一点儿。我却以她是班长，要顾全大局，要公平为由，忽略了她的请求。善良懂事的她没有一点儿埋怨，只是默默地课前做好预习，课后向同学借笔记整理。回头想来，作为老师的我们是否会因为孩子懂事、勤奋而对他们有所忽视呢？这件事给了我当头一击，让我明白了任何一个孩子都需要我们的关心，这与他的成绩、他的品行没有任何关系！

我猜测她是有点羞怯的，所以才用写信的方式来向我诉说烦恼。于是，我也采用书信的方式来回复她。但这封信到底怎么写才能既鼓励她，又让她不再畏惧眼睛上的问题，就此我咨询了心理老师陈老师。当我把信塞给小然的时候，她似乎有点儿错愕，但更多的是惊喜。从她的眼中，我分明看到了希望和光明。这成了我和她之间的一个小秘密。我们书信往来不断的同时，我也和她的家长保持着密切的联系，了解了她在家中的情况，我更是把陈老师介绍给小然认识。我相信，小然除了需要班主任的支持与关心，更需要专业老师的帮助。这样的沟通方式持续了一个学期。今天，我又收到了她的信，信的结尾写道："老师，我终于又看到了光明！"

～ 笨小孩 ～

一天午休时间，我睡得正香，电话突然响了起来。"喂，何老师吗？你们班的小杰体育中考报了游泳，您跟他确认一下，免得到时候出什么状况。"听了体育老师的话，我的心都凉了半截。这小杰十有八九是不会游泳的，估计又是报错了。

午读的时候，我见到了小杰。我耐着性子问他："听说体育考试你报了游泳，是吗？"他很是憨实地点了点头。我再问："你会游泳吗？"他有点儿不好意思地说："不怎么会……"我听后苦笑着说："你不怎么会就报游泳，你倒是不怕到时候淹着你啊？"他嘻嘻地笑了两声没有回答。

没错，这就是我们班有名的笨孩子——小杰。他的笨可是出了名的，每科的成绩都是个位数，甚至写不出一句完整通顺的话。每个科任老师都可以随口说出他的一堆笑话。这不，今天又闹出这样的笑话来了。我说："要不你去老师办公室那里用老师的电脑修改一下你的这个项目吧，改成其他你比较擅长的方面。"他乖巧地点了点头，跟着我去了办公室。我把他引到我的电脑前，让他自己操作，他却坐在那里一动不动。我一问，才知道他根本不记得自己的账号和密码。经过一番折腾我好不容易帮他把账号密码找了回来，打开网站一看，他又不动了。这时我开始不耐烦了，我说："你是怎么回事？怎么又不做了？"他涨红了脸，指着电脑让我看。原来电脑上显示这个账号在别的地方已经登录，所以不能再次登录了。这时，我已经有点控制不了自己的怒火，大声地问他："这是怎么回事？"他扯着自己的衣角，一字一字地说："应该是我昨晚登录了这个网站，后来忘了关。"这无疑是火上浇油，怒火已经在我心中熊熊燃烧。我拿出手机，问他："你爸爸的电话是多少？让他把家里的电脑给关了！"他原本已经涨得通红的脸更红了，低着头说道："15……""后面呢？你倒是说下去啊？""我不记得了……""那你到底记得什么呀！"这场闹剧在我的咆哮声中落下了帷幕。

自此，我更是不待见他了。我总是在心里嘀咕：怎么会有人这么笨。

又是一天午读，我发现班后面有几张多余的试卷被丢到地上了。于是，我点了一个学生的名字，让他把试卷捡起来。我看着他十分不情愿地捡起了试卷。然而，坐在最后的他不想把这张试卷送到"遥远"的讲台，于是他把试卷递给了同桌。令我惊讶的是，他的同桌头也不抬地接过了试卷，然后再次把试卷递给了另一边的同学。就这样，那几张试卷在他们手上一直传，直到传到了小杰手里。小杰拿到试卷后几乎毫不犹豫地就站了起来，大步走上讲台放好，然后又回到自己的座位。一连串动作一气呵成，仿佛本就该如此。

是啊，也许他在我们的眼里比较笨，他学不会老师教授的知识，他甚至记不住爸爸妈妈的电话，但他有着一颗不计较的心。小杰没有别的孩子聪明，但他的大度与宽容不就是大写的聪明吗。原来我一直忽略了他的优点。

我们的工作是培育祖国的未来。他们当中有的会长成参天大树；有的会成为祖国的栋梁；有的会开出美丽的花朵，绽放属于自己的美丽；有的注定只是小草，他做不到大树的挺拔，也学不来花朵的艳丽。但谁能否认他们每一个都装点了这个世界。所以，我们要看到大树的伟岸，看到花儿的娇美，但也不能忘了小草的翠绿，因为他们一个都不能少。

以心唤心，以情动情

广州市番禺区实验小学　黄小玲

教育就是唤醒人心、化育人心。古语有云："感人心者，莫先乎情。""世未有不自然，而能得人自然者也。"教育是爱的共鸣，是心与心的呼唤；教育是用生命感动生命，灵魂唤醒灵魂。心与心的距离，在于尊重，在于理解，在于包容，在于真诚。

耐心守候花开

"迟开的花会更艳"，你相信吗？我是相信的。

刚转学到我班的小文就深深吸引了我的眼球：他特别好动，只要有他在，我是很难完整上下来一节课的。每天只要我一坐到办公室，投诉声就如轰炸机一样狂轰滥炸而来。对此，我既头疼又气愤，走廊、教室、办公室，总少不了我呵斥小文的身影。那时，我只要看见小文，总有莫名的怒火在燃烧。

这不，数学老师又来告状了："小文又胡闹了，他就是个定时炸弹……"数学老师的话还没说完，我已经气得七窍生烟了。我怒气冲冲地走进级长办公室，大发牢骚："我实在不想再教这个顽固不化的家伙了。我天天教育，可结果呢……"想起对他种种的好，我忍不住委屈地哭了。级长没说过多的话，只是说和我一起去家访。

在路上，级长给我出了个选择题："如果把学校教育做个比喻，A选项是工厂，B选项是农业，你选哪个？"

"当然是农业啦。"

级长呵呵地笑，问我："为什么不选工厂啊？"

"那还用问，学生又不是产品，每个人都不一样啊。"

"对啊，把教育比喻成农业是再恰当不过了。兰花选择开在万物复苏的春天，梅花绽放在冰天雪地之上，每朵花开放的时间都不一样啊。"

我想起来了，在班主任培训班上，不是学了吗？教育要坚持慢的原则，不能急功近利、揠苗助长。扪心自问，小文就一丁点儿变化都没有吗？

还没来得及细想，我们已经来到了小文的家。刚进门，看见墙上张贴着一张张小文的奖状，我不禁感到诧异。小文爷爷以为我们只是新生家访，见我们都注视着奖状，他一脸的骄傲，原本打算告状的我把要说的话又咽了回去。"我这孙子啊，实在是可怜，他爸爸前两年遇上车祸去世了，他妈妈改嫁到远方，这孩子就搬到我这儿来了。每次问起他学校的事情，他总是说，老师和同学们都对他很好，真要谢谢你们啊！前两天他在那里做卡片，说是要送给班主任的，您收到了吧？"听到这里，我深深地自责：那天上课，一见他手里拿着卡片在捣鼓，我便怒气上头，一手把它夺过来丢进了垃圾桶……

从小文家回来后，我的脑海里一直都是小文的身影。从此，走廊、教室、办公室，依旧能经常看见我和小文，过去是呵斥与责备，现在更多的是我与他的促膝谈心。每当他犯错的时候，我就会想到那张卡片，也就坚持住了。敞开心扉的小文笑容逐渐变多了。

听体育老师说小文擅长短跑，我便举荐他参加了田径队。在运动会上，他一举获得了年级60米和100米两项金牌。我把他获奖的照片贴在班里的宣传栏上，在旁边写上了这样的颁奖词：你就是一株黄色的风信子，点燃生命之火，便可绽放光彩人生。

我不知道小文这株花何时盛开，但我坚信，他一定会比风信子开得更灿烂、更迷人，因为我已经听见了花开的声音！

感觉好，才能做得好

操场上非常热闹，今天是我校的足球嘉年华活动，学校设置了很多摊位体验游戏供老师、家长、学生同乐！我也前去凑个热闹，这时，电话响起来了，学校保安给我打电话了："小王闹情绪了，非要出学校，拦不住他呀，他想爬过电动门呢！赶快过来帮忙！他就听您的！"

一个男保安竟然拦不住一个孩子？是的，五年级的小王每次一闹情绪，全校必然响起"警报声"（他的鬼哭狼嚎），即使我坐在办公室，隔着三层楼，还是能听到！

我匆匆地来到校门口，看到被保安抱着的小王如一头暴怒的狮子，脖子扯着青筋，脸都给憋红了，脚一直踢着电动门，看我来了，他吼得更大声："我要走，就要走！谁也别想拦着我！"我走近，示意保安松手，微笑着说："没事，放开他，我在呢！"保安一松手，他就想跑，我早有准备，一把把他拉进了怀里，抚摸着他的后背说："没事啦，没事啦，宝贝，我在呢！我想帮助你！"我继续拍着他的背，我知道他会平静下来的。确实，没一会儿他就不再挣扎了，我说："你看上去很生气，生气是可以的，每个人都有喜怒哀乐的权利，我不会责备你的，我也常常有生气的时候呢！"他更平静了。

"你愿意散散步还是去我办公室喝点儿水？"

"好吧，我去您的办公室。"

我们俩一边走一边聊，原来他是因为玩游戏要排长龙开始不耐烦了。他说："按这样排，我能玩到几个游戏？我有可能拿到印章吗？我有可能兑换礼物吗？所以我就想干脆回家算了。"

"哦，你是很希望拿到礼品，是吗？我也想呢。要不我们一起去玩。"

"我不玩。很多项目是亲子一起玩的，我妈妈没空来，根本没有人愿意和我搭档。"

"那你一定很难过，很委屈，是吧？"

"对呀，所以我就想回家！"

"回家是可以的，我们一到放学时间就回去。放学之前，我们想想怎么打发时间好吗？"

"我可以在您这里看看书吗？"

"可以呀，不过我很想去玩游戏，怎么办？要不你喝点儿水，或者看五分钟的书我们再去玩？"

他看着我迫切的样子，不忍心了，说："要不我喝点儿水吧。您以前告诉我，水能灭火，灭掉我肚子里的火。"

我给他倒了一杯水，他咕咚咕咚几口就喝完了！其实，每次他平静下来都很好沟通，只是情绪自控能力弱一些，一点小事，不管有理无理，都可以把他的火点着。

我牵着他的手边走边说："待一会儿兑奖的时候，我想去帮忙把奖品搬出来，你的力气怎么样？可以帮忙吗？我很需要你的帮忙呢！"

"老师，这还用问吗？看我这身材，力气可大了！"

"太好了，咱们说好了，待一会儿你过来帮忙，我等你。"

看着他屁颠屁颠走远了，我也很高兴。如何赢得孩子的合作呢？

我和小王的这番对话如此有效，是因为我了解他的脾气，当然，这也是我学习得来的"套路"：

（1）认可感受：你看上去很生气。

（2）准许感受：每个人都有喜怒哀乐的权利。我不会责备你，我常常也会感到生气。

（3）教会孩子调节情绪的方法：你愿意打打枕头发泄一下情绪吗？或者你试试在阳台跳一跳，喊一喊。还可以问问孩子你觉得怎么做可以让你现在感觉好起来。

关于"感觉好"，我特别想分享在家庭教育培训时导师讲的这句话："感觉好才会做得好！"确实如此，我们一起来比较以下这两组对话。

第一组：

"快去洗澡，都发臭了！"

"我说了多少遍了，上学总迟到，老师批评无所谓呀，真不知道你怎么想的！"

"快做作业，别老想着玩iPad，看电视。"

"每次吃饭都这么慢，快点儿，要赶不上校车了！"

"去准备你的比赛服！"

"怎么回事！不许和弟弟打架！"

第二组：

"要想保持身体清洁干净，你要怎么做？"

"我们怎么做能够上学不迟到呢？"

"在放学之后和吃晚饭之前你有什么计划？"

"如果吃饭太慢赶不上校车，你打算怎么去学校？"

"关于参加比赛，你打算做哪些准备工作？"

"你和弟弟打架的事你打算怎么解决？"

不同的对话，我们通常会得到怎样的回应呢？第一组，我们得到的回应通常是顶嘴、爱理不理、拖拉、找理由等。想一想，如果你是孩子，你听到这样的话会有什么样的感觉和想法呢？你会配合家长赶快去做吗？你觉得这是你的事情或者应该是你要承担的责任吗？如果这种命令的方式不管用，那我们愿不愿意做其他的尝试呢？

第二组的对话是启发式地提问孩子，尊重、平等地给予孩子思考的空间，给予孩子话语权，这样我们的情绪是不是会处于一种平和的状态呢？启发式沟通能很快让父母和孩子都关注如何解决问题。

好的对话，带来好的感觉，感觉好，就能做得好！我们不妨改变一下我们的对话习惯吧！

胡萝卜的路

我对中途新接管的二（2）班感到挺满意的，可一提到他们的早餐，我就头疼，这是为什么呢？

今天的早餐是三丝炒粉，小文忙着挑胡萝卜丝，小梅急着翻葱丝，满桌狼藉。小虎也开始了与肥猪肉的大战，就因为一丁点儿的肥肉，连带着粉丝大口地吐了出来，边吐还边嘟囔："真难吃！给乞丐吃还差不多！"趁大家不注意，他干脆把炒粉全倒进了垃圾桶……

这样的情景在我们班并不少见，针对浪费、挑食这一严重问题，我决定开个主题班会。我利用平时他们吃早餐的情景照片作为导入，中间播放山区孩子无早餐的录像等环节，我期待着会有奇迹发生，然而事与愿违：除了几个相对听话的学生有所改进，其他学生依然是外甥打灯笼——照旧。"你忘了上次班会课上看的录像了吗？""看看，我不是说过要节约粮食的吗？"早餐时间又传来了我不停地唠叨……

我两岁多的儿子不爱吃青菜。有一天，我责备他偷偷把青菜丢到桌底，没想到他狡辩道："是青菜自己跑下去的。"

"自己跑下去的？"荒唐！我突然有了一个妙想，何不来个"食物大拷问"。当晚，我便把思路设计出来，第二天把第一节语文课改成了班会课。

"孩子们，谁能告诉我这是什么？"我指着刚刚从垃圾桶里捡回的胡萝卜和猪肉问道。孩子们争先恐后地抢着回答。"那谁能告诉我，这胡萝卜是怎么来到我们碗里的呀？"我暗自心喜，他们上套了。小虎按捺不住，大声地说道："是农民伯伯在地里种出来，炒菜阿姨从他那买来再炒给我们吃的。"看见全班学生都被这个新鲜话题深深吸引时，我趁势向大家提议："我们把胡萝卜的来历说出来好吗？"顿时，教室里炸开了锅，种地的、送货的、买菜的、炒菜的……他们把所知道的所有行业全都说了出来。"孩子们，看来这胡萝卜来到我们的碗里是很不容易的啊。我们病了会去看医生，胡萝卜病了也要有农民伯伯给它们喷农药。若遇上刮大风下大雨的情况，农民伯伯还得给它们搭上雨棚。胡萝卜的根须很发达，农民伯伯要挖40厘米深的地，它们才能很好地生长。这些都要花费很多人力、物力，我们每天丢掉的仅仅是胡萝卜吗？"

以后的早餐时间，每当有人再挑出碗里的食物时，还没等我开口，就有同学说："不能浪费食物，它们是很辛苦才来到碗里的……"我听着，欣慰极了。

苏霍姆林斯基在担任校长期间，曾多次提出"要思考教育"的口号，然而很少有人知道，触发他产生这一思想的契机，是他在一次小学课堂上受到的触动，这也是他在与学生"换位"的体验中发现的问题。教育要考虑到学生的可接受性，以人文关怀的态度教育学生，这样的教育才会更有效！

做孩子成长路上的贵人

广州市番禺区市桥中心小学　黄雪萍

当一名人民教师，做一名班主任，是一件美妙的事。与一个个孩子相遇，他们的喜怒哀乐就是我的喜怒哀乐，他们的一言一行、一颦一笑都让我忍不住想亲近他们，了解他们，理解他们，热爱他们……慢慢地，我也成了孩子！我用童心去感受他们的内心，激发他们的梦想，指引他们努力的方向，培养他们的兴趣，启发他们的思维，磨炼他们的意志，宽容他们的"过失"……孩子们是我成长路上的贵人，我也要努力地成为孩子成长路上的贵人。

～ 爱，不能等待 ～

一直以来，我深信不疑，我很懂得爱，很懂得爱每一个孩子。直到那一年，我遇到了小桐，我才知道——我并不完全懂得爱。

小桐是一个肌肉萎缩，全身软弱无力的孩子。当我看到她那大大的脑袋，无神的眼睛充满孤独和无奈时，心里不禁阵阵发痛。如此让人怜爱的孩子！我要用爱滋润她的心田，让她拥有阳光和快乐！

每天早上，第一份早餐一定是给小桐的。课间，我会坐在她身边跟她聊天，给她讲个小故事………每次她需要小便时，我都要使尽全身力气去抱她——一个五十多斤重的孩子，然后腾出右手替她松裤子。这时，她的头无力地垂下来，我得小心翼翼地托着，等她小便完再把她抱回教室。慢慢地，同学们不再用异样的眼光看小桐，也一起来关心她，帮助她，三五成群地围着她折纸、讲故事，欢快的笑声时不时从她的座位周围传出。听到她的笑声，看见她的笑容，我知道阳光和快乐正播撒给这个可怜的孩子！之后，她总是早早地来到学校，迟迟也不愿意放学，她常常对我说："黄老师，我喜欢上学，我想在学校多待一会儿。"每听到小桐说出这样的话，我总为自己如此懂得爱而激动。

小桐朗读的声音很好听，我就经常请她展示朗读，大家越表扬她，她越自信。那时我跟学校辅导员商量，等小桐身体好点儿就让她当一次升旗仪式的小主持，让她感受到成功的喜悦。我等着那一天的到来……

小桐跟我说过，她想和同学们一起到操场参加活动，哪怕只是在旁边看着。我答应她，等黄老师可以腾出更多精力照顾她的时候，一定带她去。小桐懂事地等待着，日子一天一天地过去……

一个雨天的下午，小桐离开了我们。她生病时还说，等她好了，就回学校和同学一起上课，一起玩游戏……

小桐，老师说过让你当小主持，带你去操场……会给你更多的快乐，可是，可是……已经没有可是了！

小桐的离去，给我留下的是伤痛，是遗憾，更多的是我对教育的思考——以前我总觉得今天没教好，明天还可以教；今天错过了教育契机，明天会有新的机会；今天忘了给孩子的那个微笑，明天还可以补上……但时光如水逝去，永远不能再回来了。小桐的事深深地影响了我，它让我记住孩子成长的每一个阶段都是唯一的，我们一定要及时地给予他们应有的爱。生命不能等待，爱更不能等待！爱孩子就把握住当下吧！莫让爱空等待！

宽容也是一种教育

前一段时间，我们班的孩子常常丢失诸如铅笔、橡皮、卡纸、图片之类的小东西。以前这些事情也时有发生，但那些东西往往不是掉在桌子底下，就是在抽屉的某一个角落，可这几次却不一样，大家找遍了所有角落，还是没有找到。难道班上有人偷东西？但有些学生书包里的零用钱却没有丢。经过几天的观察，我发现我们班的小洋和小俊放学后经常返回教室拿东西，再进一步深入了解得知，同学丢失的小东西果然是他们俩所为。事情已经传到教导处了，有些科任老师认为，拿人家的东西就是偷东西，小小年纪就学偷，是道德败坏的表现，甚至有个别老师认为，学校要严肃处理，"曝光"此事，教育他人。

面对此事，作为班主任的我，必须冷静下来，认真思考，全面分析，了解真相，妥善处理。于是，我请他们坐下来，问道："你俩拿别人的这些东西干什么呢？现在这些东西呢？"小洋不好意思地说："我看到这铅笔很漂亮，就拿来看看。看过不久后，我就送给浩浩他们了。"小俊说："我觉得那些卡纸很好玩，玩完后都送人了。"后来，我向浩浩他们了解情况，证实他们所说的话是真的。

看着这两个"不知所谓"的孩子，我茫然了。从儿童心理学来看，这两个孩子随便拿别人的东西，是出于"强烈的占有欲望"。他们对自己没有的东西，既好奇又想尝试，因此，便悄悄将别人的东西拿走去玩。但他们看完、玩完以后，东西便不再新鲜了，他们就把东西不经意地送给别人了。这与偷有本质的区别。如果偷，为什么书包里的钱他们没有偷走，而专门拿一些奇异新鲜的东西呢！这说明，孩子们的伦理道德观念还没有建立起来，他们对于财物所有权的理解还是很模糊的，他们拿走了不属于自己的物品，只是一时的好奇和冲动。如果当作"偷"，当作道德败坏来处理，那将适得其反。对此，我提出了"宽容教育"的主张。我认为，这种问题是孩子成长过程中必然会出现的问题。解决这些问题，我们既不能操之过急，也不能简单粗暴，教育者需要有一颗勇于谅解、善于包容的心。宽容也是一种教育，而且是适合这种情况的教育。正如爱因斯坦所说："善于宽容也是教育修养的感情问题。宽容之中蕴含的了解、信任、等待，表明了教育者对自己的教育对象积累的足够的信心，也浸透了一种于事业、于孩子们的诚挚热爱。"因此，宽容不是放纵，更不是撒手不管，而是一种教育艺术，是一种教育方法和智慧。

于是，我精心准备了一节班会课。首先我给学生们分享了我的一个小故事——我前几天从北京回来，带回一些南方孩子很少见的银杏叶，准备送给我朋友的孩子，可当我把它们放在办公桌上后，回来却发现它们都不见了，这让朋友的孩子很失望。他那惋惜的表情我一时很难忘怀。学生们听了也感到十分可惜，纷纷说起丢东西的经历和感受，有几个学生甚至眼泪都流出来了。这时，我暗中观察小洋和小俊，只见他们头压得很低，生怕别人知道他们拿了别人的东西。随后我又通过大量的视频、事例让学生们了解乱拿他人东西的危害和后果，以提高学生分辨是非的能力。在此基础上，我委婉地把最近班里丢东西的事情说了出来，并强调老师和同学们都相信他们不是有意"偷"的，只是以前不懂其中的道理才会犯错。现在他们懂了，老师相信他们一定会改正的，同学们也会理解他们的。学生们纷纷点头。

接下来，我们就"如果自己拿了别人的东西，该怎样做？"这个话题展开讨论。有人认为，直接归还，当面道歉；有人认为，如不好意思，可用信封装好悄悄把东西归还；还有人认为，东西归还后还要向人道歉……看到孩子们积极地参与讨论，看到孩子们的坦然表情，我深深地感受到：孩子们的良知正在唤醒。

第二天，我一进入教室，有个学生兴奋地说："黄老师，我的圆珠笔回来啦！"还有一个学生拿来卡片给我看，另一学生则悄悄地告诉我，她的铅笔回来了，并说她不会告诉别人的。回到办公室，我看到我的办公桌上放着一张卡片。我看得出来，卡片是孩子精心制作的，卡片中央是一扇门，我打开精美的小门，发现上面写道：

亲爱的黄老师：

我已经把我拿同学的所有东西一一还给同学了。谢谢您告诉我——没有得到别人的允许是不能拿别人东西的。回到家，妈妈也批评了我。我知道错了，以后决不再犯。

谢谢！

黄老师，我爱您！

洋洋上

看到卡片的那一刻，我感动极了！这就是宽容的结果。宽容，像春风化雨，滋润无声；宽容，似清风拂面，如沐朝阳。它说明一个道理：一种教育方式是否成功，关键在于这种方式能否被受教育者所接受；同时，在教育过程中，教师要循循善诱，因势利导，才能收到所需要的效果。

宽容是一种教育，班主任要有一颗包容之心，谅解学生的缺点和过失；任课教师要有一颗宽容之心，善待偶尔犯错的学生；学生要有一颗了解之心，学会谅解他人的过失；家长要有一颗宽容之心，包容子女的缺点和错误。学校、教师必须不抛弃、不放弃地担当起对孩子的教育责任。

宽容也是一种教育，学生在宽容教育中领略到了老师的苦心，老师在宽容教育中唤起了学生的自尊、自信，促使他们自立、自强，并收到了事半功倍的教育效果。宽容教育告诉我们，只要晓之以理、动之以情、宽容善待、信任等待，每一个学生都是潜在的优秀学生。

不幸？幸

最近在报纸上看到我的一位初中同学赴美归来的报道，深有感触。这位同学当年因几分之差与番禺师范附属中学失之交臂，上了一所普通高中，他的遭遇真是不幸！四年后，该同学以优异的成绩考上中山医科大学，现在成了当地有名的医生。这真是"塞翁失马，焉知非福"。生活中，有人遇到不如意，就认为自己是世上最苦的人，自暴自弃；也有人坦然接受与面对失败，静心自省，让看来不幸的事情变成成长的垫脚石。我的这位同学当属后者，曾经的"不幸"成了现在"幸运"的基石。

去过四川、西藏旅游的驴友都知道，旅途中遇到最多的就是修路工，而他们修路时往往不会理会我们这些赶路人的感受，全面封闭路段，谁都过不去，哪怕是救护车！我们遇到最长的修路时间是14个小时。遇到这不幸的修路事件，我们学会了通过打扑克、看书、写日记以消磨时光。回想起来，现在我面对堵车总能泰然处之，能享受火车上那十几个小时的时光应该是旅游的时候练出来的。蝴蝶由毛毛虫蜕变而来，然而毛毛虫并不知道自己将变成美丽的蝴蝶，所以蜕变成了艰苦的折磨，直到羽化成蝶，它才会明白，原来被误认为的灾难，是来帮助它的。不幸是痛苦的，但不幸的背后，可能正潜藏着幸运的萌芽。

作为班主任，当我们遇到一群调皮捣蛋，学习成绩又差的孩子，这表面看来是一件不幸的事情，但这些孩子让我们知不足，让我们不断学习反思，让我们增长更多教育智慧。这样一想，我们就不必沮丧怨恨，就知道用心去接纳孩子，用心去了解孩子，理解孩子，教育孩子，专心研究教育。人的心念就这么有意思，心念能逆转，人的际遇、命运就随之改变。如此看来，这并不是不幸，而是幸！幸与不幸有时只是源于我们的心态，源于我们的自我取舍罢了！

　　幸与不幸并非是对立的，它们应该是相辅相成、互相贯通的。我们要做的，应是对自身与他人的幸与不幸，都抱有一种自省的态度，对自身的遭遇安之若素，处之泰然。

微笑、沟通、倾听

广州市番禺区石碁第四中学　简允诗

人的成长，是一个品味故事的过程，细品其中，五味杂陈；蓦然回首，却耐人寻味，发人深省。我与孩子们共同成长的故事，便是如此。

微笑：从"老板"到"姐姐"

"简老板，我妈妈不在家，通知回执没有家长签名，明天交可以吗？"正在低头备课的我突然被一个响亮的声音打断，我抬头一看，原来是小黄。只见他神情忐忑，额冒汗珠，似乎是刚从教室匆忙跑来办公室找我。看着他焦急的神情，我放下手中的笔，疑惑地看了他一眼。"'简老板'是叫我吗？"我低声嘀咕。见我没有反应，他追问道："可以明天交吗？"我很快回过神来，点点头说："哦，没问题，明天交吧。"听罢，小黄如释重负地走了。

等小黄离开后，我不断地回想着他刚才对我的称呼——"简老板"，看来我又多了一个绰号。我深深地理解，当老师，绰号肯定少不了。我以前上学的时候，班上的同学也喜欢给老师起绰号。现在我当老师了，学生给我起绰号也是意料之事。据我所知，以前的学生会叫我"简粉""粉丝"……现在的我，随着年龄增长了，绰号居然也升级了——"简老板"，这听起来蛮有威严的，感觉还不错，我会心一笑，欣然接受。至于学生什么时候起的，为什么要这样叫我，我不了解，也不想去深究。因为这个称呼，满足了我当严师的欲望。

渐渐地，班上叫我"简老板"的学生越来越多了，有时我甚至远远地就能听见教室门口"放风"的学生朝教室里面喊:"简老板来啦,大家安静啊!"虽然我不喜欢学生放风的做法,但我依然陶醉在"简老板"的威严中,陶醉在学生对我的敬畏中。

然而有一天,一句网络用语赫然出现在我的眼前:"老板,是指老是板着脸的人。"看毕,我整个人如晴天霹雳!我一直以为,学生尊敬我、敬畏我才叫我"老板",原来这一切都是假象,只是我的一厢情愿罢了。因为我的严厉和刻板,因为对我作风的反感和讽刺,学生才用"老板"一词来抗议。头戴光环的我居然是一个不受学生欢迎的班主任!我一下子无法接受这个事实!怎样才能当一个学生喜欢的班主任呢?我陷入了痛苦的反思……

"简姐,请帮我拿一下衣服吧。"我循声望去,只见一件校服穿过人墙朝我扔过来,我立马伸手接过校服,并看了一眼校服的主人。哦,是小黄,只见他右手一挥,向我使了个眼色,我点头笑了笑,他高兴地踏着音乐,跟着大部队,扬长跑去。"简姐"多么亲切的称呼啊!我立马感觉自己年轻了好几岁。

从"老板"到"姐姐",这是一个多么巨大的转变啊!我内心很清楚,是"微笑"默默改变着一切。是的,严师不一定能出高徒,但"亲其师"必能"信其道"。"老板事件"后,面对学生,我放下了刻板的一面,展开了笑容;舍弃了批评,用起了赞美。改变,就这样悄然发生。课间,我的周围多了一群"小蜜蜂";课后,我化身知心姐姐,倾听一个又一个的"小故事"……我每天的工作依然忙碌,但我的心情非常放松。也许,这就是微笑的力量。一个微笑,无色,却能让世界色彩斑斓;无味,却能芳香满人间;无形,却能改变着世间万物,抚慰着人间冷暖。的确,微笑有着击倒一切的力量。如果人间处处荡漾微笑,人生便充满阳光——这就是微笑的力量。

⌒ 沟通:从"猜疑"到"信任" ⌒

小郭是一个泼辣的女生,有点儿男孩子气,直肠直肚,敢说敢言。小时候,小郭的父母离异,她跟着母亲长大。后来母亲改嫁,还生了二宝,父亲提出让小郭跟自己生活,但小郭为了照顾母亲,婉言拒绝。由于成长环境特殊,小郭的性格倔强,思想偏激。

　　一次拉练活动中，班长小杨走到我的身边悄悄地说："老师，小郭把手机拿出来玩了。"我看了一眼，小郭确实在玩手机。其实在活动前，为了防止同学们聚在一起玩手机游戏，班长曾要求同学们在活动中不能带手机，并强调他会"看见一台，没收一台"。这时，小郭无视班长的要求，拉练小憩时把手机拿出来上网，班长发现了，于是告知我，示意我来处理。为了树立班长的威信，我走到小郭的面前，严肃地说："请把手机拿出来，我帮你暂时保管。"我伸出手，想拿她的手机。小郭立刻抗拒，她极不情愿地说："我刚刚拿出来，她们不是要查音乐吗？我帮她们而已。"原来休息的时候，舞蹈队的同学想表演舞蹈，但没有音乐伴奏，有同学建议用手机放音乐，所以小郭把手机掏出来了。她的拒绝让我有点儿生气，但我还是耐心地说："班长曾提出不能带手机，否则看见一台，没收一台，既然规矩确立了，我们就得执行。而且班长发现了你，并告知了我，如果你是老师，你觉得应该怎么做？"这时，小郭摇摇头说："好了，好了，我收起来可以了吧！"我也摇摇头说："暂时保管，一视同仁。"这时，我伸手过去，想把手机抢过来。小郭急了，身体往后一退，眼泪一下子流出来。为了不影响其他同学的情绪，我把她拉到一个安静的角落，耐心地解释说："老师只是暂时保管，会还给你的，你不用那么激动。"她反而更激动地大声喊："我怎么知道你会保管到什么时候啊！谁都不能拿走我的手机！这是他（父亲）给我的！"说罢，她焦虑地喃喃自语起来："我要打电话给我妈，我要打电话给我妈，没有手机，她会找不到我的……"这时，我心中忽然有种不安的感觉，我是否触碰到了她的痛处？我是否不该这样处理？我是否不能没收她的手机？我在心里不停地反问自己。当我还在犹豫的时候，队伍集中的哨声响了起来。小李急急忙忙地走了过来，红着眼睛说："老师，对不起，是我叫小郭拿手机出来的，是我不对，你不要没收她的手机好吗？"看见小李愧疚的神情，看着小郭激动的样子，看见级长催促的身影，我拍了拍二人的肩膀，轻声说："我们回去吧。"

　　回程的路上，我不停地反思：我刚才的处理方式是否过于冲动？我没收手机前是否缺乏与小郭的沟通？我是否缺少对小郭自身实际情况的考虑……我一边想一边看，眼睛始终不敢离开队伍中小郭的身影。直到大部队平安回到学校，我悬着的心才真正放下……

第二天，为了解开我、小李、小郭三个人的误会，我把大家叫到一个安静的教室，我们三个人平静地坐在一起交谈。我把手机处理的原因向小郭详细地解释了一遍，我也让小郭向小李敞开心扉坦诚地说出了自己的想法，小李也向小郭真诚地道了歉。经过这样一次开诚布公的沟通，最后大家都解开了心结……

是的，沟通真的很重要，只有敞开心扉，把真实的想法说出来，内心才不会纠结，人与人才不会产生误会。朋友间有了沟通，会更密切；师生间有了沟通，会收获更多；社会上有了沟通，会更和谐。沟通，架起了我们交往的桥梁；沟通，打开了我们关闭的心窗；沟通，使我们从猜疑走向信任。

倾听：从"质问"到"闲聊"

"老师，你班的小慧没有去跑操，她躲在厕所玩手机呢，你班要扣分哦。"一个戴着红袖章的学生干部缓慢地走到我的面前，跟我反馈了课间操检查的情况。"看来我班本周又与文明班无缘了。"我心里默默地念叨，"好，谢谢你，辛苦了！"虽然内心有一百个不高兴，但我依然礼貌地回应着。

小慧是一个让我极其头疼的女孩，每天总有新鲜事传到我的耳中，如不戴校卡，上课睡觉，不交作业，体育课逃课，放学骑电动车载人……这回是玩手机，且不参加课间操训练。于是我与小慧的故事开始了。

"今天为什么不去跑操？"中午，我把小慧叫到办公室，轻声地问她。"我上厕所去了！"小慧撇撇嘴回答。"上厕所需要半个小时吗？"我追问。"我开大号不行吗？"小慧不屑地回答。"学生干部检查到你在厕所玩手机哦。"我继续追问。"我是带了，怎么啦？我又不在教室玩！不行吗？"小慧大声说道。听得出来她有些生气，这时，我知道自己不能火上浇油，于是依然平和地说："学校规定不能带手机，你带手机回校就违反了校规。"小慧依旧大声说："许多人都带了，您怎么不说他们。"看得出来她非常生气，而且没有认错的意思，于是我没有接话，拿起手中的笔继续备课，她就在我的旁边安静地站着……时间就这样一分一秒地过去，小慧有点按捺不住了，她不耐烦地说："哎呀，您还想让我站多久啊？有什么话快说啊！"看她这么的焦急，我心里忽然乐了，开始耍起了"太极"，我慢悠悠地说："不急，等你意识到错误再说。"见我没有接话的意思，小慧反而颇有兴致地说起来："哎呀，我跟您说啊，要是我有错的话，那么大家都错了，班里面的小郭、小何、小梁，很多人都带了手机，小郭的手机是苹果6，她经常放学拿出来炫耀；小何一放学就在教室里打电话；小梁的手机是向小潘买的二手机……"她顿了顿，继续说，"还有还有，说到这个小梁，我也是醉了，他经常上课睡觉，不交作业，老师批评时，他还在老师背后做鬼脸。"看着她口沫横飞，我想，这个"话痨"平常肯定是缺少听众，憋了一肚子的话，现在遇到我这个"专业听众"，她的话就如"滔滔江水"一发不可收拾。时间就这样一分一秒地过去，小慧居然在我面前说了一个多小时，而我就这样静静地听着，偶尔回应一句"哦""这样啊"。说到最后，她居然冒出了这么一句："老师，我知道错了，我以后不带手机来了。"我点点头说："既然知道错了，改正就好了。"事情居然就这样愉快地解决了。

自那以后，小慧中午居然有事没事就找我，"老师，您有没有空啊，我想找您聊天。""哦，好！什么事？坐下来说吧。"我点点头，示意她坐下聊。接着，她的话匣子就迅速地打开了，一个多小时就这么溜走了。虽然我失去的是午休，但得到的是小慧的信任和对班级情况的了解。

有人说，没有故事的人生不是精彩的人生。而我，每天都上演着精彩的故事，我和孩子们都是故事的主角。我们用自己的成长描绘一个又一个有趣的故事。每一个故事，都是一段经历；每一段经历，都是一次成长；每一次成长，都是我们美好的回忆。细数每个故事，这就是人生！人生的故事，有喜、有忧，有苦、有乐……品味每一个故事，阅读每一个自己，用心倾听生活奏出的交响曲，你会发现，这故事，原来如此动听；这生命，原来如此美丽！

美，引领我们走得更远

广州市花都区花东中学　江国滨

苏霍姆林斯基说过："美，就是人性。善良情感和诚挚态度的具体体现……在我的想象中，在美的面前微笑、叹赏和惊异，犹如一条通往儿童心灵的小径。"作为教育工作者，如何激发师与生之间纯粹的美好，是一个值得我们研究一生的课题。在教育的道路上，教师用理解之心、宽容之心、启迪之心去指引学生，便能让美去激发、陶冶、引导学生，这无异于用一棵树摇动另一棵树，一朵云推动另一朵云，一个灵魂唤醒另一个灵魂，最自然地达到心灵互通的美的境界。美，引领我们走得更远。仅以此篇记录我教育路上的那些小美好。

❧ 理解之美 ❧

在教师眼里，似乎总有对每个学生的主观评价，有这样或那样的看法，这些先入为主的看法并不利于双方的沟通。有时因为主观评价的偏差，师生沟通的路就有了障碍。

有一天，科任S老师气冲冲地向我投诉："你班的A同学太气人了，明明知道学生是不能带手机回校的，他偷偷带回来也就算了，居然还敢在课堂上玩。我要没收他的手机，他怎么也不上交，气死我了。我现在叫他在办公室外面站着，让他好好反省反省……"

我走出办公室，看见A同学站在门外。我拍了拍A同学的肩膀说："站得挺认真的，这样的态度值得表扬。"A同学有点不好意思地低下了头。

"老师，我没有玩手机，只是想看一下手机有没有信息而已。"

"要看信息？很重要的信息吗？"

"刚才S老师很生气，我没有和他说，今天我爸爸要做手术，我在等妈妈发来的信息。"

"那你赶紧看看！"

"老师，我爸爸的手术很成功，很成功，太好了！"

"恭喜你，祝你爸爸早日康复！你是一个孝顺的孩子。"

"谢谢老师。"

"小A啊，拿手机出来看信息不算玩手机吗？"

"老师，我知道错了，我刚才的态度的确有些鲁莽。如果遇到特殊情况，应该先向老师说明原因，征得老师允许再去做，不会像今天这么任性了。"

"好的，老师为你能承认错误并能对自己提出要求而感到高兴。希望你以后做事别再像今天这么鲁莽，加油！"

随后，A同学主动去找S老师，向S老师道歉，承认了自己的错误。在之后的学习中，A同学比以前更认真了。

一次看似不美丽的违纪，事件背后却是美丽的动机——A同学对爸爸的关心，体现了他的孝顺。因此，我们要理解学生，让学生有辩解的机会，去发现学生行为背后的正面动机，并进行正确的引导。我们与学生的沟通，要站在学生的角度去思考问题，要跟他们站在同一阵线上，我们并不是为了证明对方为什么是错误的，而是要引导学生在犯错之后知道该如何改正，这才是教育的最终目的。

❧ 宽容之美 ❧

学生总是在不断犯错和不断改错中成长的，犯错并不可怕，只要我们能正确引导学生对待错误的态度，每一次错误都将成为学生成长的垫脚石。学生犯了错误，在面对教师的时候，他们的内心正在接受惩罚，这时候宽容就是一服治愈他们身心创伤的良药，也是促使他们改正错误的动力。宽容，让教育变得更美。

还记得在那次校运会上，班长慌张地跑了过来，喘着粗气对我说："老师，不好了，黑仔下午回来的时候喝了酒，现在正在医务室吐呢。"我心里顿时怒火万丈："黑仔？喝酒？这家伙就给我添麻烦，真是没有什么事是他不敢做的……"

黑仔可是班里面有名的捣蛋鬼，缺交作业、迟到、旷课、课堂上开小差、起哄，或者上课睡觉、打架等，统统有他的份儿，而且他还是班里面的"老大"，号召力强，其他调皮捣蛋的学生都是以他为"榜样"的，让科任老师头疼万分。

当天晚上，我与黑仔的爸爸通过电话联系，得知了黑仔喝酒的"原因"。校运会上，黑仔参加了400米比赛，比赛中有学生穿越跑道，妨碍了他比赛，使他与金牌失之交臂，只获得了银牌，事后他向裁判申诉不成功，觉得自己这个当"老大"的很没颜面，也辜负了班里同学对他的期望和支持，没有为班级争得更好的荣誉，心里很不服气，意气用事才喝酒的。

第二天早上，我从学生干部口中确认了此事的缘由。

随后，我把黑仔请到了办公室。黑仔磨磨蹭蹭地来到办公室，低头站着，没敢看我，正等待着我对他的"暴风骤雨""雷电交加"。我摸了摸他的头，说："今天老师再请你喝个痛快，如何？"黑仔听到我的话有点愕然："老师，这是我第一次喝酒，太难受了，以后再也不喝了。"我说："今天怎么又不喝了呢？""老师，我发誓，再也不喝酒了，请你相信我。"他有些哀求的语气了。我沉默了一会儿，说："那好吧，就给你一次机会，我相信你。不过，你喝酒是违反中学生守则的啊。"我拍了拍他的肩膀又说："其实老师也知道你喝酒的真正原因，感谢你在校运会中为班级争得荣誉，以后做事情不能再意气用事了，再说喝酒对身体有害，你现在还是长身体的时候，以后不要再喝酒了，好吗？我也希望你以后能为班集体多做贡献。"没有狂风暴雨式的批评和指责，却迎来了宽容和体谅，黑仔目光里充满了愧疚和感激，惭愧地点了点头，说："老师，谢谢您！我知道该怎么做了。"

在之后的一个星期里，黑仔真的做到了他自己承诺的不违反纪律，作业全部交齐，没有迟到旷课的现象，在课堂上，他虽然还是没怎么认真听讲，但是起码没有再添乱了。我也每天通过短信告知他的家长，表扬黑仔的进步。后来，黑仔一点一点地进步了。在他的"带领"下，班级也在一点一点地进步。

宽容能够激发学生改正错误的信心和勇气，批评不当会使学生滋生逆反心理，甚至失去自尊、自信。如果宽容与体谅换成恶狠狠的训斥，只能令师生关系紧张，教师与其不断地正面进攻而一无所获，不如以退为进，以宽容之心动之以情，或许老师一句真情的关心的话，就会打动他，从而使学生获得情感认同，让学生不用经历"风雨"也会见到美丽的"彩虹"，收获到意想不到的效果。

启迪之美

法国著名雕塑家奥古斯特·罗丹曾经说过："生活中并不缺少美，而是缺少发现美的眼睛。"枯黄的叶子，落地归根，是一种美；小小的螺丝钉，维持零件间的稳定，是一种美；燃烧的蜡烛，照亮了他人，也是一种美。其实，美很简单。

"老师……"班长雨晴一边哭，一边擦着眼泪向我跑了过来。我紧张地问道："雨晴，你先别哭，跟老师说说，发生什么事了？有同学欺负你了？"雨晴抽泣着说："老师，没有人欺负我。我不会写。""什么不会写？哦，你是说下周一学校的'我行我秀，秀出风采'的国旗下讲话稿吗？"雨晴微微点了点头，说："我觉得自己没有什么很优秀的地方，没有什么可展示的。上上一期是'世界冠军，光速少年'岑小林，多厉害啊；上一期是画画很牛的高三级大师兄。而我只是一个普普通通的班长罢了，没什么可秀的。老师，我不参加了，可以吗？"她央求着，显得有些可怜。我没有立刻回答雨晴的问题，而是让她坐下来，给她倒了一杯水，示意她先喝水。

"雨晴，今天班里的情况如何，有没有被扣分？"

"老师，您放心，班里没有被扣分，同学们都做得很好，上课都很认真的。我发现有些同学做得不好时，会立刻纠正他们的，他们也很配合我。"

"昨天我出差了，集队开会的时候，同学们有没有安静地排队，遵守会议纪律？有没有受到级长的批评？"

"老师，哪里会受批评呢，有我在呢。"雨晴带着一丝自豪的微笑说。

"上周的三人篮球赛赛果如何？"

"老师，您不知道吗？男子是季军，我们女子是冠军。我也参加了，还是主力哦。每一场比赛我都会组织全班同学呐喊助威，我喊得最大声，不赢才怪呢！"这时的雨晴已经不抽泣了，眼泪也早已擦干了，越说越兴奋。

我向她竖起了大拇指，说："雨晴，你真棒！谢谢你！"

"那当然！"雨晴自豪地说，"老师，您不用谢我，谢谢您对我的培养和信任。这些都是我作为班长应该做的，也是必须做的。为了班集体，我肯定会竭尽全力去做，每次都会圆满完成任务的。我时刻都会记住您说的'班荣我荣，班耻我耻'，老师，您放心吧！"

"雨晴，你刚才跟我说什么不想参加了？"我故意问道。

"老师，校长挑选我在下周一的国旗下讲话，可是我是没话可讲啊，什么都不优秀。""不，你很优秀啊，你刚才跟我说的就是你的闪光点啊。并不是每一个人都会像岑小林那样成为世界冠军，取得辉煌夺目的成绩。雷锋叔叔所做的一切也很平凡，但他是我们学习的好榜样——他的钉子精神，他全心全意为人民服务的无私奉献精神，正是这些平凡造就了他的不平凡，把平凡的事认真做好了，也就不平凡了。你时刻想着班集体，时刻想着为班集体服务，时刻把'班荣我荣，班耻我耻'记在心中，这些就是你的闪光点。你的街舞也跳得很棒啊，才艺表演就表演它吧。"

雨晴恍然大悟地笑着说："哦，对呀！把平凡的事认真做好了，也就不平凡了。老师，谢谢您，我知道怎么做了。"

雨晴在国旗下的讲话稿里写道："……在当班长的日子里，正是这些平平凡凡的事，锻炼着我；正是这些平平凡凡的事，让我更乐于为他人服务；正是这些平平凡凡的事，让我肩上多了一份奉献与责任。我是一个负责任的班长。教室和包干区的卫生，我希望我们班是最整洁的；排队时，我希望我们班是最安静的；上课时，我希望我们班是最认真的；做操跑操时，我希望我们班是队列最整齐、口号最响亮的；我希望我们班是最团结的。只要班集体取得了荣誉，我就觉得很开心，虽然这些很平凡，但我愿为此竭尽全力。元旦会演时，我会每天刻苦地排练节目，只为争取全校仅有的16个机会中的一个，希望我能上台表演，为班争光。校运会时，我会用尽全力去跑，只为了第一个冲过终点线，拿到冠军，站上领奖台，证明我们班的实力。篮球赛上，我会努力打好每一场比赛，让我们班再获荣誉……"一个平凡的班长，每天用心做好每一件平凡的事，成就了一个不平凡的班集体。

平凡，使单调的生活变得丰富多彩；平凡，使我们活得更加自由，更加精彩。因为，平凡，也是一种美！生活经历越简单，越容易在大事之前退缩畏惧，与其用一番大道理去教育，不如启迪学生重新发现自己身上的美，让学生擦亮眼睛，重新认识自己，回忆起生活中那些容易忘却的平凡之美，使之成为一种力量，鼓舞自己前行。

在漫长的教育路上，我们总是会遇到学生各种各样的突发状况，是怒发冲冠、横加指责，还是春风细雨、润物无声，或是理解、宽容、启迪，这都需要我们做出最认真的选择。只有美，才能引领我们走得更远，教育路上的各种小美好，都需要我们用心去创造。

不一样的彩虹，异样精彩

广州科学城中学　孔瑞华

　　春去秋来，年复一年，学生送走了一批又接一批，不经意间，我已当班主任十多年。和孩子们相处，我有过辛酸，有过喜悦，有过成功，有过失败，有诸多说不完的故事。

⌒ 风雨欲来城欲摧 ⌒

　　去年7月，得知自己任教初一年级班主任，久违初始年级的我，下了好好大干一场的决心，心中有着无限的期待与憧憬。有些家长得知我到初一任教，纷纷托人安排进我班。真没想到我还有"铁粉"。依照我校惯例，学校会在8月份安排家长、学生与班主任一一面谈。首次见面，我初次了解到，班级里的学生有：全年级最胖的，最矮的，被确诊为小儿多动症的，小学被班主任伤害过，一直对老师充满敌意的，父母离异，从小跟着奶奶在乡下长大，学习能力只到幼儿园水平，性格内向，脾气最倔的……天呀，这是个什么班，奇葩集中营？仰慕我而来的"铁粉"，给我带来的竟是这些？我想大干一场的决心，顿时被浇灭了一半，受伤的心灵经过半个月抚平才得以安静些。但接下来军训发生的事情，把我逐渐愈合中的伤口又重新撕裂了。脾气最暴躁的那个孩子，与教官打起来了；管不住嘴巴的那几个孩子一起抱成团，严重影响班集体的秩序；还有一些"狡猾"的小人精，总是借口不舒服，逃避训练，善解人意的教官根本压不住这群"奇葩哥"，急忙向我求救。于是整个军训过程中，其他班的班主任舒舒服服地围成堆谈笑风生，只有我满脸杀气地盯着，怒吼着，帮助教官镇压那群"妖魔鬼怪"。不得太平的班级自然与"先进班集体"的称号无缘。自开学以来，我就像是一个驯兽师，制订班级目标，分小组合作，制订班级管理制度，建设班级文化，等等，使出百般武艺，把这群"怪兽"训练成良民。

❦ 云压轻雷殷地声 ❦

那天早上第一节课结束，数学老师气呼呼地跟我说："孔老师，你班的明半节课都在欣赏自己的新鞋，不听课，也不做笔记，我批评他，他却比我还凶，这还怎么教？"太过分了，态度如此恶劣。我马上到班处理此事。见到明时，他过足了明星般追星捧月的瘾，身边围着一群粉丝。我高喊一声："明，听说你穿了一双漂亮的名牌鞋回来哦，来，亮亮我的眼。"我话一说完，班级顿时炸锅了，孩子们争先恐后地告诉我："老师，明的鞋子花了1299元。"我疑惑地问道："你们怎么知道的？""昨晚他在QQ群晒鞋子价格了。""老师，看！他鞋子的吊牌还没剪，他说那是辨别名牌鞋真伪的证据。"我顺着那名学生的手势一看，果真还挂着牌。明知道出事了，一向高调的他此时低头不语，躲避我的目光。"明，听说你数学课忙着欣赏鞋子，没空听课呢。来，秀一个，给我来一个360度无死角旋转。""老师，我……我在数学课上只是绑个鞋带。"明试图解释。"绑鞋带用了半节课的时间？你是怎样绑的呀，示范一下。"我顺势追问。明无力辩解，哑口无言。我眼神一转，对全班学生说："你们觉得明今天做错了吗？"全班同学马上沸腾起来，纷纷细数明的罪状。有人说，明太炫耀了，不应该有攀比心理；有人说，明上课不该只顾着看鞋，不听课；有人说，明态度恶劣，不尊重数学老师；甚至有人说，人长得不帅，穿啥都不好看，还到处炫富就是一种病……批判声不断。最后，我问明："你觉得他们说的哪些是对的？"明低下头不好意思地说："孔老师，我错了，我以后不会这样了。为了表明我真心悔改，明天起我不穿这双鞋去学校了。"全班顿时响起了雷鸣般的掌声。我满意地点了点头，说："学校是我们学习的地方，不是比美炫富的场所，从明天开始，我们班谁都不能穿名牌鞋、袜，更不能带贵重的东西来学校。"我趁热打铁，及时地把当天的事情告知家长们，并把决定落实下去，这得到了家长们的一致赞同与支持。

面对孩子的错，我们不仅有单刀直入、一语道破的批评式教育，也要有"明修栈道，暗度陈仓"的迂回式批评教育。教师采用迂回的教育方式，旁敲侧击，委婉地对学生进行批评，让学生在轻松愉快的气氛中去理解、醒悟、接受，从而改正错误，进而达到教育的目的。如此做法没有剑拔弩张之势，却往往有事半功倍之效。

∽ 云开雾散终有时 ∽

恒是我班的一个孩子。不认识他的人一眼就可以从人群中找到他，不是因为他长得高大帅气，也不是因为他长得又矮又丑，而是因为他的淡漠与木讷。

第一次与恒见面的时候，我便感觉到了他的与众不同，冷峻的眼神像是已看穿了世界，一切都变得无所谓。恒的这种表现与对社会充满好奇的花季少年完全不同。我断定他是一个有故事的孩子。

果不其然，见面第二天，他妈妈私下跟我联系说，恒共读过4所小学，那年正读二年级的他，由于父母工作繁忙，无法照顾他便把他寄养到外婆家，并转到方便外婆接送的村里学校，不适应变化的他，受到了老师的热嘲冷讽和同学们的排挤与孤立。年幼无助的他，每天在歧视的目光中度日如年，欲言不能，欲哭无泪，只有影子相伴。恒像只无魂的惊恐小羊，变得敏感、怯懦。父母发现他变化的时候，已经是一年后的事。权衡利弊后，父母为恒再次转校。转学后的他并没有因此好转，更不幸的是，父母因为恒的原因离异了，家庭的变故使他变成了一只刺猬，彻底地把自己严严实实地包裹起来，脾气变得暴躁，性格也变得敏感，谁都不敢靠近。无奈之下，他妈妈只好让他休学，把希望寄托在心理医生上。经过一年的医治，恒进了一所私立学校。他妈妈对他的要求不高，成绩不重要，健康就好。就这样，学习零基础、思想封闭、性格怪僻的恒，完美地落在了我的手上。得知恒的经历后，我的内心久久不能平静。我既愤怒又心疼，既抓狂又无奈，心里无数次为他感到惋惜、痛心。

我该怎么帮助他呢？这个被多次蹂躏和摧残的祖国花朵，还会绽放吗？这些问题不断地在我的脑海中萦绕。冷静地理清思路，认真地分析了他的情况后，我得出结论：恒曾经被伤害过，对老师和同学肯定都没有好感，甚至会感到憎恨。班级对他来说，只是个名词，没有温度，我应该先帮助他体验到归属感和自我价值感。确定方向后，我班实行"自能合作"的班级管理模式，我把他安排在最细心、最耐心的一位女组长处，他却毫不领情，当着全班同学的面，冷冷地说："我不需要小组，我要独立一组。""怎么可以独立呢？每个同学都有组，你是一分子，你也不例外。你……"没等我说完，他便插嘴说："我的事不用你管。"听到这句话，全班同学都安静了，他们都没想到，一开始就有同学与老师对着干，都等着看戏呢。我顿时来火了："什么叫'我的事不用你管'？你既然坐在我的班里，就是我的学生，是我的学生，就是我的人。"说完后，我眼睛直勾勾地看着他，四眼相望，只见他愣了一下，我霸气而又温暖的回应完全出乎他的意料，他招牌式地耸耸肩后，沉默了。顿时，全班响起一片掌声。就这样，分组落实了。后来我发现，他耸肩表示认同。私下我吩咐组长在平时的学习与生活中多给予他一些照顾和帮助。上课时，我特意多给他一些眼神的关怀，让他感受到他不是独自一人，而是有朋友和老师的关怀的。另外，我一直找准契机提升他的自我价值感。一年一度的校运会眼看就要到了，我正愁找运动员，学生们向我推荐恒。一开始恒比较扭捏，死活不肯，经过我的软磨硬泡后，他终于答应了，并且以第一名的优异成绩证明了自己。群众的眼睛是雪亮的，运动会后他被体育老师看上了，光荣地进了田径队。

滴水穿石非一日之功，恒还是我班最酷的，他的话语还是最少的，但笑容变多了，与同学相处融洽了。《剥洋葱心理学》中写道："人心不是一块石头，而是被层层外皮包裹的洋葱，教育后进生就像剥洋葱，只有一层一层地剥开外皮，尽管这是一个痛苦、艰难、浸满泪水的过程，但剥到最后会发现，那颗心其实就是最初的种子，一直藏在最内部的感性和价值观才会裸露出来。"我相信待我看到最初的种子之时，便是他开花之日。

原来上天真的会眷顾一直努力的人，一直处在劣势的（5）班，经过风雨、电闪雷鸣后终于见到了彩虹，在年级中稳住了江湖地位，逆袭成功。一群个性十足的孩子，依旧还是很有个性，但却多了一个让他们感到自豪的家，一个奋斗的理由。一群"妖魔鬼怪"变成了一群"小精灵"，奇葩班也能绽放光彩。

你若盛开，清风自来

广州市番禺区市桥星海中学　梁　茹

岁月极美，在于它必然的流逝。春花、秋月、夏日、冬雪。你若盛开，清风自来。心若浮沉，浅笑安然。

——三毛《雨季不再来》

时光飞逝，毕业那年带着一脸的稚气和满腔的热情，我走进了这个美丽的校园，至今已有十八个年头。回首过去，我时常有一种冲动，要好好理一理自己的思绪，好好回顾教书育人这段日子的得与失；时常有许多种想法，想切实地运用在班级管理和课堂教学中，让育人潜移默化，润物无声；时常有太多的感慨，让我想在纸墨间分享自己的快乐，欣赏别人的精彩，抒发自己的情感……可是每每静心一想，我却发现张嘴之处，都是琐碎……然而细细品味，正是这些琐碎，感动着我，教会了我做一名"爱恋盛开"的教师。

走在爱的路上

十八年前，初为人师的我，绝对地信奉"严师出高徒"，我是多么仰慕那些严师：威严的目光，所到之处，话音未落，鸦雀无声……于是，我不断努力地学习如何做一位严师。但那一次"爱的教育"的尝试，令我的教育观有了极大的改变。

我很清楚地记得那天，小敏怒冲冲地跑进办公室对我说铭把她的书全推倒在地了。我匆匆跑进教室，只见小敏桌子底下满是乱七八糟的书。我强忍着怒气，对铭说："到我办公室来一下。"铭竟然纹丝不动。我生气了，提高了音量："请到我的办公室来一下！"他干脆整个人伏在了桌面上，依然一动不动。我的肺都要气炸了！但看到铭的异常举动，想起刚刚拜读完的《爱的教育》，我的心情稍微平静下来，"忍耐，忍耐！"我心中默默念道。《爱的教育》中那几乎被弄瞎眼睛的老人家尚且能原谅古路非，连小不点儿潘克西都能原谅酒鬼父亲，何况，他只是趴在桌子上而已！何必大动肝火……我平静下来，并做出了破天荒的举动——用已经伸出去的准备把他扯起来的手轻轻地抚摸了一下铭的头，然后默默地走到小敏的座位边，把书一本一本地捡了起来。我的这一异于平常的举动让学生们明显地吃了一惊，平时热热闹闹的教室突然静得可怕，只有铭诧异地看着我。我不动声色，决定把此事缓一缓，找到合适的时机再做处理。

让我做梦也没有想到的是，第二天早上，我的桌面出现了一份热腾腾的早餐和一张写着"对不起，老师！"的字条。不用说，那是铭的杰作，我乐滋滋地吃了早餐，又乐滋滋地走进了教室，上课过程中还满面笑容地提问了举手的铭。下课后，铭找到我，低声地说："老师，对不起。"原来，这又倔又犟的孩子居然也有不好意思的时候，我高兴地说："没关系，老师相信昨天这样的小事你能自己处理好，这事就交给你自己处理好吗？"他又是一阵猛点头。

接着不可思议的怪事接踵而来：铭的语文小测居然过关，铭上课被科任老师表扬了，铭欠交作业的次数大大减少……昨天，他还跟我说："老师，我们班篮球比赛您就放心地交给我组织吧，肯定赢！"他的眼中全是孩子气的兴奋，我一直努力追求的不就是这样的结果吗？我一直期待的不就是这样的结果吗？

一些老师常对着我惊叹："你到底给他灌了什么迷魂汤？"我总是微微一笑，哪里有什么迷魂汤？其实不就是爱吗！那不经意的一刹那间温柔的爱，却收获了他对爱的回报。

在往后的日子里，我常常陷入反思：我还要那么执着地做一位严师吗？想起这样一个寓言故事：一把大锁紧紧地锁住大门，一根铁棒费了九牛二虎之力，却依然无法将它撬开。这时，钥匙来了，只见它瘦小的身子钻进锁孔，轻轻一转，大锁就"啪"的一声打开了。铁棒奇怪地问："为什么我费尽力气也无法打开，而你却轻而易举地就把它打开了呢？"钥匙说："因为我了解它的心。"

说得多好呀！如果只是一味地做"严师"，挥舞"铁棒"用力撬"锁"的结果，恐怕就是学生的敬而远之。学生表面上好像是服从了，但他们的内心深处呢？我暴风骤雨般的说教不曾让铭有多大的改变，但那一次我只是轻轻摸了摸他的头，却胜过千言万语……

一花一天堂，一草一世界。一念一清静，心如莲花开。每一朵花都有它的香气，每一个人都有自己的美丽。一天一天的陪伴，一日一日的感怀，我用爱让每个孩子都散发出最美丽的香气，孩子们感受着我的爱，也学会默默地回赠我以爱。

⌒ 浅笑盛开，清风自来 ⌒

我承认，我是一个充满理想和自信的年轻班主任，我对自己的要求是：我带的班一定是全年级最好的班！虽然我爱我的学生，但我绝不纵容我的爱，无规矩不成方圆，所以我也容不得我的班级出现不合规范的事情。

可是这一天，班上的几名学生让我失望了：因为他们在走廊追逐打闹导致班级被扣分！因为早读讲话被扣分！因为清洁迟到被扣分！一天下来，竟然被扣班级文明班分6分之多！我十分生气，一时间，愤怒、委屈、恼羞、失望等各种复杂的情绪涌上心头，当着全班学生的面狠狠地批评了被扣分的学生："俗话说：'一粒老鼠屎搞坏一锅粥。'你们简直就是初一（1）班的老鼠屎！"尽管这已经是几年前我对班上学生说的话，但今天我还清晰地记得，一是因为一向平易近人的我自己也不知为何会脱口说出这么粗俗的话；二是因为当时我的话音刚落，全班一片死寂……学生们都低着头，没有人敢看我，也没有人说话，而我选择了愤然地离开教室，边走边不争气地流下了眼泪。我觉得每天早出晚归付出的一切都是徒劳，换来的只是伤心、失望，还有重重的挫败感！

第二天早上，我带着复杂的心情回到了办公室，从昨天开始就一直在回想着自己对班级建设做出的努力，对学生的付出，不禁感到心灰意冷，我扪心自问：难道我做得还不够吗？难道我关心他们也是错吗？为什么学生一点儿都不懂我的苦心？委屈、失望顿时又涌上了心头……

我随手翻开一本作业，正准备批改，却发现里面贴着一张小纸条，上面的话令我至今难忘："老师，请允许我用绿色的笔来写这一段话。绿色是友好、善意的表现，也是我从小最喜欢的一种颜色。当别人偏爱天空的时候，我依旧眷爱我的草地。我们知道老师您爱我们，您做的一切我们都看得到，感受得到。这一次我们可能给老师造成的失落感太大了，您付出了努力却一再受挫，这种感觉甚至会有点儿让人感到窒息，可是您并不该因此失望啊！老师，您知道吗？绿色是草地的颜色，是地球上让人感觉最舒服的颜色，这种舒服并不是因为它所反射的光符合了什么视觉舒适度，而是因为它的广阔。所有的人，无论富贵还是贫贱，无论成功还是失败，终有一天会回归到土地上来，然后在这表面就会长出绿绿的细草，所有的坟堆终会因为它而被赞美，所以绿色总给人以亲切舒心的感觉。我说的这一切不是要老师您听我的说教，也许这些说辞并不美丽，可是我只希望老师您能将心情平静下来，和我们一起找到最好的解决办法。老师，请相信我们，我们不会让您失望的。浅笑盛开，清风自来。我们还是喜欢您微笑的样子！"那一刻，所有的委屈、失望都化成深深的感动，浸润了我的心田。

在我最无助的时候，是学生的宽容抚慰了我，让我有勇气去反思自己的做法。平静下来之后，我才意识到自己犯了一个多么鲁莽的错误。我一直认为责备他们是因为我关心他们，不希望他们犯错，却从没想过，其实渐渐长大的他们心中早已有了评判是非黑白的标准，他们早已知晓事理，早已成熟懂事，早已学会如何回报给我他们的爱，我一直渴望的不就是这些吗？我一直追求的不就是这些吗？

如今我伤害了他们，却要让他们来安慰我，实在是愧为人师啊！心存愧疚的我想起了这么一则小故事：苏东坡和佛印有一次互相评价对方在自己心目中的形象。苏东坡为了捉弄佛印，就说："你像一堆牛屎。"佛印没有生气，反而说："你在我心中是一尊佛。"苏东坡听完，羞愧难当。当时并不理解苏东坡面对好友为何羞愧，此时此刻我明白了，一切都缘于浅笑盛开，清风自来……

其实，教育好比一场旅行，爱在左，情在右，走在两旁，随时耕耘，随时开花。在这场旅行中，我始终坚信：老师若盛开心中的爱，学生自会馈赠轻柔的风。

用爱点亮教育之路

广州市番禺区市桥桥城中学　柳　叶

　　为人师十五年，在三尺讲台上一路摸爬滚打至今天，有万事开头难的举步维艰，也有走着走着便茫然无措的懈怠。曾经，炽热的为师梦被复杂而多变的现实给了当头一棒，我也常常被同事们戏谑地称为一头勤勉的老黄牛，但结果往往却事倍功半。且学且思，我将"理解""信任""宽容"收入自己的教育锦囊中，时刻提醒自己：前路漫漫，不忘初心，用爱点亮教育之路。

　理解是师生磨合中的润滑油

　　那是2010年5月，中段考后，当我还沉浸在（11）班勇夺第一名的喜悦中时，工作调整的通知也随即到来——我被调整到（7）班担任班主任。"咳，全部班任老师大换血，真不知道学生该怎么适应，你呀，有的忙啦。"同事不禁为我捏了一把汗。那天中午，主任和级长轮番为（7）班学生做思想工作，前任语文老师也言辞恳切地劝说着，这一切对于学生来说或许太过突然，或许他们与旧师感情深厚，许多女生都伏桌哭泣。主任郑重其事地介绍了我，在稀稀拉拉的掌声中我走进教室，站在他们的面前，心里有一种委屈感。突然觉得我和他们之间有一道厚厚的铁门，我预感这是一个不祥的开始。

　　果然，在几天后的中午，级长将八张午休违纪单放在我的桌上，说："八张单子啊，了解了解情况吧。"我逐张翻看了一下，全是1：08分讲话，不睡觉。很明显，这是集体造反啊。一股火从心底蹿了上来。我立即把这群违纪分子叫了下来，劈头盖脸地一顿教育，直到他们低下了桀骜不驯的头。午会时，我顺势以一种指点江山般的气势对他们教育了一番，让全班学生以此为戒。教室里很安静，风扇在呼呼地转着，我心想：该服我了吧。可为什么，这扇门似乎闭得更紧了？

我静下心来，慢慢地回忆着和（7）班孩子的点点滴滴，我发现我和孩子们相识以来的交流几乎都是批评。多么可怕的教育，我从未真正走进孩子们的心，从未站在他们的立场去考虑他们的感受。

阶段考试结束后，（7）班的语文成绩垫底，学科总分全级倒数。我拿着学生们的成绩单，迈着沉重的步伐走进教室，教室里依旧很安静，他们的神色十分凝重。看着他们，我把满心的恨铁不成钢的怒气吞了回去。我缓和了脸色对他们说："这次我们班考得的确不好，首先，柳老师要做自我批评。这段时间，你们过得很辛苦，要在这么短的时间调整和适应新的老师，作为班主任，我没有考虑到你们的真正需求，我以为对你们严厉能够帮助你们快速回到学习的轨道。可是我错了，同学们，你们对前任老师的留恋说明你们是有情有义的人，这份美好的品质非常珍贵，我特别开心能和你们一起学习成长。这次的失利只是暂时的，你们会进步的，不要垂头丧气，用你们的笑容来战胜一切艰难险阻，我相信你们。"

绽开笑容，一股暖意从心底荡开。渐渐地，课堂气氛活跃了，课间越来越多的学生愿意围绕在我的身边聊聊八卦，说说笑笑；体育考试中，我大声地为他们呐喊助威，第二天一盒润喉糖静静地躺在我的桌面上……面对孩子，我知道将心比心，心就不会再累。

信任唤醒学生自我教育的灵魂

就在初二学期初，我班接二连三地出现钱财丢失的现象，虽说走廊有监控，但教室里发生的事情我始终不敢轻易做出判断。可是问题不解决，终会纵容某些有不良习惯的学生再次犯错。问题要怎么解决？方法自然是有的，可不外乎是"严刑逼供、强制打压"。但这些方法毕竟治标不治本。这该怎么办？我觉得任何问题都事出有因，我应该给犯错的学生一个机会，相信他能够解决自己的问题。

于是我借午会期间和学生们谈了这个问题。午会开始，我首先向学生们陈述了我们班出现的钱财丢失的现象，然后告诉他们："发生这件事，作为班主任，我很生气，很失望，但冷静下来一想，我觉得做这件事的同学一定是有原因的。但不论任何原因，任何人做出这件事肯定是错的。其实我有很多方法查出来，可是真相一旦捅破，这将会成为这位同学这辈子都难以忘记的伤疤。现在，我不想猜测是哪一位同学，只想请所有的同学都想一想，如果我们做错了，该怎么办？老师始终相信如果给你们一些时间去想一想，你们一定会改正自己错误的认识。我相信你们，也期待这件事情能早日结束。"本来只是把自己真实的想法开诚布公地和他们说说，谁知第二天丢钱的学生告诉我钱找回来了，同时收到了一封致歉信。这件事的圆满结束也让我深深地记住了一个道理：信任学生，才能更好地教育学生。

我记得曾经看过这样一则故事，在美国的一所公立小学，学生们很顽皮，他们经常会把图书馆的门踢破，校方将木门换成了铁门，可仍旧无济于事，过了不久，铁门还是会被踢破。为此，校方很头疼。后来，学校换了一位新校长，他得知踢门事件后，下令将破铁门换成了崭新的玻璃门。大家都很费解，认为这个校长脑子糊涂了。可奇怪的是，玻璃门再也没有被踢破，学生们进图书馆时，都小心翼翼，仔细地呵护着这道门。有人去问校长，校长笑笑说："装铁门就意味着对学生说'看你们还能不能踢破'，这充满了挑战的味道，而装玻璃门，则意味着信任学生，相信他们一定会爱护这道门。"将信任放在他们的面前，如果你是那些孩子之一，你还会不会踢？

这个故事展示的就是信任的力量。教师的信任，往往会激发学生强烈的责任感和向心力。教师只有信任学生，才能与学生心灵交融，从而达到让学生自我教育的目的。

宽容给予学生春风化雨般的关怀

宽容不代表懦弱，不是放纵，更不是冷漠。古语有云："泰山不让土壤，故能成其大；河海不择细流，故能成其深。"因此，宽容是一种至上至大的智慧。

我们班的何同学，性格孤僻多疑，不怎么爱说话，成绩下降明显。不少同学以为他心理有问题，不敢跟他聊天。有一次在课堂上，何同学无故拍了一下桌子，影响了课堂纪律，受到了科任老师的批评。有些老师说这样的学生应该好好教训一下，给他一个下马威，不然以后会不得了。

得知这些情况后，我没有简单粗暴地批评他，而是利用课后的时间和他聊天，试着打开他的心扉。刚开始效果还不明显，后来我直接跟他说："在学校里就我和你说过的话最多，你可以把我当成你的朋友，有心事就跟我说，我替你保密，目前也只有我能帮到你。"何同学可能是出于自我保护，还是不愿意跟我聊天。面对这名特殊的学生，我告诉自己，急不来，工作要慢慢做，平时要多关心他，相信他一定会有转变的。

后来我在跟他的母亲电话聊天中得知，何同学是在单亲家庭中长大的，母亲带着他重组了家庭，平时他跟母亲和继父的隔阂较大，交流不多，性格孤僻，行为比较古怪。就在我跟他母亲通话的当天晚上，大概是晚上11点多的时候，我的手机响了，是他妈妈的电话。电话那头，是一个母亲哭泣的声音，原来他们母子在家里出现了矛盾，母亲出于无奈，给我打了电话。天呀，半夜接到电话，听着家长哭泣的声音，我能做的也只有倾听和安慰，因为当时家长的情绪不适合我给出建议。我安慰她，让她平复情绪，哄哄孩子。我答应她，周一我再跟孩子谈心。后来，我多次跟何同学聊天，但很难打开他的心扉。很显然，何同学的问题来自家庭，他感受不到家庭的温暖。作为班主任，我能做的就是多关心他，理解他，尽可能地宽容他。当他中午在教室学习超时，导致多次午休迟到，学校宿管处给他下发了"宿舍停宿通知书"的时候，我考虑到他的特殊情况，出于对他的关爱，我破例向宿管老师求情，写下了保证书，给了他一个机会，并先不做处罚。就是这么一件微小的事情感动了他，在这之后，何同学见到我，终于露出了羞涩的笑容。慢慢地，他也愿意和我聊天，开始参与班级活动，并在校运会中取得了优异的成绩，在学习上也变得主动积极了，先后两次拿了"年级的进步前50名奖"。

这件事在一些经验丰富的老师看来虽然只是一件小事，但是我对此感触颇深。当学生犯了错误，教师一开始不能站在学生的对立面，严厉地批评指责他，比如像何同学这样孤僻性格的学生，如果对其严厉指责，只会适得其反，将会导致他更厌恶学校、老师和学习。相反，我们要以沟通入手，用理解打开学生的心扉，学生便能够体会到老师的"爱"。这样的教育模式才能达到更好的教育效果。

都说教育要学会静待花开，学会宽容，对于学生思想和行动上存在的反复性，我们要做的就是在学生反复犯错的过程中，用正确的引导、无私的关心、足够的耐心带领他向上进之路迈进，而不是把他抛弃。我相信用这样博大的胸怀去接纳每一个孩子，才是教育真正需要的情怀。

在日常的班主任工作中，我们会遇到各种各样、大大小小的事情，但越是在繁杂焦虑的时候，就越需要一颗大爱之心。唯有爱才能促使我在教育道路上沉下心来，认真反思每一种教育带来的效果，细心感悟每一个生命的绽放，带着希望砥砺前行。

叩开学生心灵之门

广州市番禺区石楼中学　吕 蓉

心灵的大门不容易叩开，可是一旦叩开了，走入学生的心灵世界，我们就会发现那是一个广阔而迷人的新天地，许多百思不得其解的教育难题，都会在那里找到答案。我希望我所教的学生首先是一个身心健康的幸福的人。他们的成长就是我学习的内容，为此，我决定自己先要活出健康与幸福，然后播撒幸福的阳光给我的学生。我学习积极心理学原理，通过了全国三级心理咨询师的考试，掌握了专业的心理咨询技巧；同时，爱心、诚心又让我与学生之间的沟通更加顺畅、有效！

意外收获

学生在校园中使用手机的问题是学校管理和班主任最头痛的问题，学生对手机的依赖性也越来越强，对于这个问题，教师要处理不好就有可能使学生产生强烈的对立情绪，甚至发生对抗事件，但如果处理得当，有时还会有意想不到的收获。

2018年5月16日，星期三晚修，我像往常一样巡视高中部各班的自修情况，走到高一（3）班时，我发现后窗靠门的一名男生低着头，正全神贯注地看着什么，但他表情又跟其他同学有很大不同。我心想：这一定有情况。于是我慢慢踱进教室，在这名男生惊愕的眼神中，"缴获"了他手里正拿着的手机。人赃俱获，他该没话说了吧，可是我还没有说话，这个男生就开始向我求情了：

"主任，我知道我错了，这我是第一次玩，我再也不会有第二次了，给我一次机会吧，我求求您了……"他不断地认错，不断地求情。为了不影响其他学生，我跟他说："你有什么理由可以要回手机，下课来我办公室说，只要能够说服我，我就给你。"下课了，这名男生果然来找我了，这时我才知道他叫佳斌，他站在我面前说了很多理由，比如什么手机很重要，绑定了快递、银行卡，没有了手机（按照校规：手机第一次被缴要交学校暂时保管三个月）会很不方便，等等。这些借口跟学生们平常所说的没有什么两样。我一点一点地对他解释疏导："手机是个好东西，但它也是一把双刃剑，它在带给我们生活便利的同时，一些平时不太自律的同学也会被它所累。使用手机本身没有问题，现代社会人人都离不开手机，但在教学区课堂上使用手机肯定是校规禁止的。每个人在校规面前都是平等的，我们要为自己的所作所为付出一点点代价，我们是处罚你使用手机的不当方式，而不是其他……"佳斌慢慢地想通了，也接受了我对他的处罚，并且保证不会在课堂上玩手机了。他轻松地转身离开我的办公室，刚走到门口，却突然回头跟我说："主任，我能再跟您聊聊吗？"我马上说："可以啊，过来坐到我旁边，我们慢慢聊。"他坐下来，就问："老师，我可以跟您聊聊我内心的秘密吗？""我很感谢你要跟我聊你的秘密。本来缴了你的手机你该对我有意见的，但你还跟老师聊秘密，老师很感动的。""老师，虽然我们刚认识二十几分钟，但我感觉您是值得信赖的……"接着他开始聊起了自己的身世，在他貌似平静的叙述中，我听出了压抑、孤独、恐惧、迷茫……他的父亲是一位工程师，本来是一个很好的职业，家庭也很幸福，但在他出生后不久，父亲因吸毒坐牢。后来他的父母又离婚了，爸爸十几年都没有管过他，但妈妈和他自己因为爸爸坐牢一事在村里抬不起头，妈妈和他做什么事都要谨小慎微的，自己在学校也从不敢跟任何人诉说自己的心事。现在爸爸终于放出来了，好像变好了，想要对他好，有时要到学校来接他，他自己内心也想给爸爸一次机会，但是妈妈知道后又会有很大反应，他又觉得对不起辛苦把他带大的妈妈……在这种矛盾痛苦的情绪中，他失眠、无法集中精力读书，所以才开始在手机上寻找寄托……听着他的话，我的内心除了震撼还是震撼，我没有想到他小小年纪却经历了成年人都无法承受的事情，我眼睛潮湿了，我握着佳斌的手，告诉他，我很佩服他经历了这么多事，他没有沉沦，仍然有着善良、孝顺、向上的品格，这是最难能可贵的……接着我也跟他分享了一些事例并指导他该怎么跟爸爸妈妈相处，希望他明白，父母离异、父亲吸毒都不是他的错，也不该因此影响自己的健康成长，并希望他学会处理自己的情绪，关注并接纳这种情绪，然后与它好好共处，因为它的存在是合理的，同时我们要为它找到一个合理的出口，这样我们才能活得轻松、开心、健康……短短80分钟过去了，我发现佳斌走时是笑着跟我说再见的。那个周末，我接到了一个陌生电话，是佳斌妈妈的，她对我说，佳斌回去告诉她，他终于碰上了一个能够理解他、帮助他的老师，她很高兴，希望我能继续关心、帮助她的佳斌……我忽然感慨万千，是啊，有时老师只要俯下身静静地倾听孩子的心声，然后给予孩子哪怕是只字片语的关怀，也许就是孩子心中最温暖的阳光。

我要竞选语文科代表

2017年1月，正在开会的我突然接到高一级级长的电话："主任，高一级有位叫佩林的女生情绪非常激动，又哭又闹，要往墙上撞，我和班主任都没有办法安抚她，怎么办？你快点儿来办公室帮下忙！"佩林不就是我教的高一（8）班的一名女生吗？说起她我还真的有点头疼，她是一个极其有个性的女孩，平时上课包括我教的语文在内的各科作业就没有交齐过，特别是作文，我教了她快一个学期了，她只交过一篇，我跟她沟通，她就只是用眼睛看着你，不说话，而后又是继续不交作业。除此之外，她还经常以肚子疼、头晕、脑热等各种生病的理由请假，父母对她也是没有办法。老师找她聊，她也不顶嘴，也不反驳，只是静静地听着，谈完后不到三分钟，她又恢复我行我素的样子，大有"我就这样，你们也拿我没办法"的架势。渐渐地，同学们、老师们也就见怪不怪了，只要她做得不是很过分，大家就都不再那么关注她了，她自己也好像喜欢这样，只是偶尔在课堂上听到老师的某些话语她才抬起头淡淡地看上一眼，然后露出不屑的表情低下头继续去做她自己想做的事……我三步并作两步地来到高一级办公室，只见佩林正在号啕大哭，级长和班主任都一脸焦急，我二话没说就上前抱住佩林，跟她说："没关系的，有老师在你身边，没关系的，有老师在你身边……"渐渐地，她平静下来了，我拉着她的手问她发生了什么事，她跟我说："老师，我可以暂时不说吗？"我说："好的，我尊重你，你以后有任何事都要记住有老师在啊……"她点点头说："老师，谢谢您！"然后平静地离开了。一个寒假过去了，第二学期开学时，佩林跟班主任说，她要竞选语文科代表，最后也当上了，而且还做得有声有色，完全不用我操心，虽然到最后她也没有告诉我那天到底是什么原因让她那么悲伤，但她在周记中对我说："老师，谢谢您，在我的成长过程中，从来没有一个人（包括我父母）能在我情绪崩溃时给予我温暖而又有安全感的拥抱，您的这个拥抱我将铭记一辈子。"她的语文成绩进步很大，期末时的成绩已由倒数进步到班级第五名了。有时，我们的有效沟通其实不需要多余的语言，一个真诚的拥抱就胜过千言万语。

❧ 感谢有你 ❧

2012年6月，我中途接任了高二体育班班主任，这可是全校闻名的乱班啊，更要命的是这个班有个大名鼎鼎、劣迹斑斑的"捣蛋大王"冠希同学：打架、逃学、顶撞辱骂老师，甚至踢烂学校所有宿舍的门……老师们说这是"几十年不遇"的反面典型，他上课睡觉就是最好的状态；同学们说不用理他，只当班里少一个人。我还了解到冠希的父母离异，父亲生意做得非常成功，家境相当富裕，但父亲脾气暴躁，他一不听话就用皮带棍棒把他暴打一顿。我隐隐觉得是问题家庭造就了问题孩子，这个孩子应该是缺乏关爱，内心孤独自卑，没有安全感，却把自己武装得表面强悍，不可一世。为此，我决定换一种方式来跟他相处，我要忽略他种种的过往，把他当成一个普通的学生来对待。

第一天开学典礼，他就以球场湿来找我请假，我假装不了解他的情况，邀请他跟我去学校小公园聊一聊。两小时的谈话，无论他说什么，我只是认真地倾听，不做任何的评判，我说得最多的两个字就是"理解"。结束时我感觉到他没有抵触我。果然，这之后他每天都来找我聊天，沟通中我也慢慢地提出我的小要求，他座位底下常有一大堆垃圾，我就对他说："冠希，你能帮我管管班里的卫生吗……"他答应了，从此他的座位底下就干净了。后来，什么迟到、旷课、上课睡觉等问题都在一次次的沟通中解决了，我所做的就是他一有进步就表扬他，并及时发信息给他爸爸，他有反复了我也只是宽容地提醒而不告状。他对做生意有兴趣，我就找来一本《商旅人生》跟他探讨那些优秀企业家的励志故事；他自卑，我就跟他一起读《告别自卑》；爸爸看不上他的字，我就买来字帖，鼓励他练好字……渐渐地，老师和同学们都发现冠希变了，有一天生物老师跟我说："吕老师，我很感动，一年多来，冠希竟然第一次跟我问好，并向我要试卷做，上课也开始记笔记了。"同学们也说冠希真的跟以前不一样了……更让我感动的是冠希对我说："老师，您是我读书以来遇到的第一个能够真正关心我、引领我的好老师！在我心目中您就是我的妈妈，我一定会好好争气的……"冠希懂事了。这也让我更深刻地体会到要真正地关心一个人，就要接纳、尊重、赏识，还要真心呵护与包容。

一路走来，我从一个高高在上的说教者，成长为一个学生喜爱并有着自己一点儿特色的幸福的班主任。这得感恩于我的学生们，是在和他们生活、学习的过程中我与他们共同成长了。是啊，"师生本无一定的高下，教学也无十分的界限，人们只晓得教师教授，学生学习；不晓得有的时候，教师倒从学生那里得到好的教训"。陶行知先生的话给予了我太多的启示，也在我的工作中得到了验证。路漫漫其修远兮，我将在幸福教育的路上下求索！

一样的天空，不一样的我们

广州市白云区平沙培英学校　潘艳娟

当了十余年的班主任，每一届学生都有着他们不同的特点，但整体上差异不大，而2016年的这一届学生，让我有了不同的经历和感受。

∽ 调整策略，步入正轨 ∽

带完了一届初三，回到初一重新开始，这次有所不同，校长居然让我带实验班，当时我在心里偷乐："学生肯定很好带了，成绩都很好，就不会教到呕心沥血了！"

刚接触实验班的学生时，我以想当然的心态去管理班级，嗯，他们学习应该比较自觉，纪律当然不用怎么管的，教学方面嘛，多做点儿难题就好了。前两个星期，班里确实没什么问题，但后来我发现自己错了，学生的问题开始慢慢浮现：首先是在成绩方面，这些学生在小学时都是班里成绩比较优秀的，自然在老师表扬的名单上（当然也可能是被老师容易忽略的行列），而现在，精英汇集，特别是最近的测验会让学生发现，他们自身以往的优势没有了，自己的成绩现在排在班级中间，甚至倒数，有的学生开始怀疑人生，是哪里出了问题？于是他们开始调整自己的心态，但随着后面的测验，他们又受到了打击，自卑心理也变得越来越重。这时，我意识到：原来优秀学生的心灵更脆弱！而且他们承受批评的能力有点低。接下来就是受挫折能力的教育了。另外，在纪律方面，他们也没有我想象中的自觉，也是需要人管的，而且更要严管才能出成绩，因为越有压力就越有动力！后来我也想明白了，大人都不是那么自觉，偶尔也要人管管，更何况是初一的学生呢？于是我调整了自己的心态和想法，班级管理慢慢地开始步入正轨。

输了比赛，赢了团结

转眼间到了初二的校运会，在前面的入场式和道德风尚奖项中，我们班都取得了第一名，但田赛和径赛的总分落后于对手47分。这究竟是怎么回事呢？虽说是三个年级一起比赛的，但去年初一时跑步类项目还能拿些分数，现在初二了，跑步类项目反而没拿什么分？也就是说，大了一岁，成绩反而退步了。我猜测了一下原因：可能是因为最近学生们表现较好，没有增加额外的体育锻炼。但结果却让人大跌眼镜："他们的体能下降了。"跑步不如以前了，大课间跑操时也上气不接下气的。所以说，加训也未必是一件坏事！

校运会连续开展三天，前面两天的成绩已经明显落后了，第三天主要是集体项目的比赛，而集体项目的分数是双倍加分的。所以，班级要想追分，集体项目至关重要。第二天放学后，学生们主动留下来练10人11足（两人各绑一只脚，十个人一起跑，难度较大，而且容易摔倒，考验协调性和集体性）。到下午六点钟时，天快黑了，这时，有学生跑来办公室跟我说："老师，我们班的女生决定不吃晚饭了。男生和女生都在练10人11足。""嗯？为什么？""因为在刚刚练习的时候，隔壁班的同学跑过来说：'你们输定了，初二还比不过我们初一呢。'他们内心受到了打击，决定今晚不吃晚饭，就一起苦练10人11足，明天必须拿个好成绩。"我了解了情况，跑到操场给他们做思想工作。男同学很快就做通了工作，离开了操场。而女同学因为在练习时，有的摔破了皮，还在流泪，是担心和不服气使得她们不肯离开。我跟她们说："同学们，老师很高兴你们有这种集体主义精神以及不服输的精神。但是，不吃晚饭会让身体吃不消，明天反而不能正常比赛。天这么黑了，你们若继续练，就会继续摔伤，明天的比赛同样泡汤，这是没有意义的。老师知道你们已经尽力了，无论结果怎样，我们都不后悔！"最后，学生们由班长带队离开了操场。

第二天比赛时，虽然10人11足没有拿到第一名，但结果比预期的要好很多，我们班把对手给比了下去，在冲刺的一刹那，全班都欢呼起来了！此刻，我被他们的努力和欢呼声感动了！我看到一支为了共同目标而努力的队伍在呐喊，在加油，在欢呼！带着这股热情，在"一分钟仰卧起坐"集体项目中，男女同学都奋力拼搏，旁边的同学也一直在加油鼓劲儿，这使比赛的同学一刻也不敢松懈。当停止哨声吹响时，比赛的同学已经瘫在垫子上了，几分钟后才缓了过来，那是因为他们用尽自己最后的一点儿力气。最终，仰卧起坐集体项目拿到了初中部的第一名。

比赛总分出来了，虽然最后的成绩还是落后于对手，可是我觉得这次校运会，他们虽然输了比赛，却赢得了团结，懂得了竞争，知道了不服输，知道了要为班级争光、努力，拼搏就会取得好成绩，这也许就足够了！

⌒ 从未离开 ⌒

"老师，今天下午的班会课您一定要来啊！"学生很神秘地跑到办公室跟我说。

当我按时来到教室时，教室内顿时响起了热烈的掌声，只见黑板上写着"感谢师恩"四个大字，学生们把桌子围成一圈，可见，这是他们专门为我准备的一节主题班会。我细心留意，黑板的角落贴着一堆小纸条，走上前去看，是学生们给我的留言：有祝福的，有不舍的，也有自我检讨的……接着是他们的表演。令我印象最深刻的是模仿我的一个小品，讲述的是不久前发生的一件事，让我很是感慨：原来我的一言一行对学生的影响竟是如此的深！学生们还为我准备了蛋糕和鲜花，其中一个女孩子对我说："老师，这里面有一种花叫作'结子花'。"虽然我不知道这种花，但心里能明白这群小家伙送花的含义！原来他们懂得可真多呀！现任的班主任告诉我，为了这节班会课，他们花了不少时间准备。是的，对于这种主题班会，对他们来说，只要认真准备，他们完全具备召开的能力，这也是我一年半以来对他们的培养成果。从初一下学期开始，我就训练班干部的自主管理能力和学生们主持活动课的能力。这不，教师节、儿童节，甚至实习老师的告别会，都是这么过来的。我心想，这下我可以放心地休假了。

　　回想起九个月前，自己身体不舒服，却继续担任他们的班主任，家里人也劝说，怀孕了就该好好休息，不要再做班主任了，可是我想，经过了初一一年的训练，班干部方面的工作已经形成了体系，他们已经能自主地开展工作了，而班规、制度方面也进入了日常化和有序化，新的班主任接手的话，只要稍加用心，管理就不难。但是，初一只是一个模型，需要初二一个学期的巩固和完善才能更加顺利地开展班级管理工作，而且这个学期学校的比赛较多，如校运会、足球赛、篮球赛、元旦艺术节等，对于新班主任来说会很头疼（因为没有合适的班主任人选，只能让一个从未担任过班主任的老师来接手），所以我不放心，要把一切安排好才放手。幸好，一个学期顺利度过，各项比赛也都顺利完成，并且取得了理想的成绩！还记得足球赛，三个年级一起进行对抗赛，我们班最终夺得了季军（初三共有四个班），对于初二的他们来说，跟初三比，实力上就输了一截，但是我们打败了两个初三的班级，这说明学生们更加团结了，也懂得比赛的策略了。当最后一场进了最关键一球时，全班学生都站起来了，在操场上大声地欢呼起来！我们紧紧地抱在了一起！当时有几位家长也在场，看到学生们的欢呼和拥抱，也很动容，并用手机拍下了这一幕——当时的我肚子微凸，穿着羽绒服，红色的围巾把自己的头和脖子紧紧地包住，呵！卖相可难看了！没办法，操场风大，当然还有学生贴心地给我搬来了凳子，他们却就地坐在操场上。

　　过去的一幕幕，我们都一起经历，再过几天，我就要休产假了，学生也估算着时间给我准备了这节送别班会课，最后，我给他们送上了我的寄语，班会课就结束了，也暂时结束了我的班主任身份。

　　虽然我在休产假，但我会时不时地在QQ群上留意他们的动态，跟新班主任沟通他们的情况，新班主任遇到问题也会跟我沟通。到了初三第一学期，孩子们面临着一个新的挑战——重新分班，面对新的老师、新的班级，他们各种不适应，这使他们更加想念我，思想上也产生了动荡。在今年国庆节的前一天，我收到了他们的邀请，他们请我放学后参加他们班的活动，我当时想着要带小孩，就没去，但他们给我打了好几个电话，后来等我到学校的时候，以前的文娱委员还特意出来接我！如此隆重，让我有一种很受重视的感觉！走进教室，又是一阵熟悉的掌声，不同的是，这次带有兴奋和分别半年的想念在里面。他们模仿了当年班级的黑板情况，有课表，有全班学生的学号和名字以及考勤情况等（转学的三名学生写成请假），还有一些老师的口头用语，而我的名字是排在第一位的，我的心里又是一阵感动。因为重新分班，所以现在有一半的学生是不同班的，分班不到一个月，他们有着各种的不习惯，此次活动，是对新生活开始的期望，也是对过去的一种怀念！我逐一看过去，学生们的样子基本都没有改变，看到我回来了，他们都兴奋地围过来，还说："老师为什么你的QQ空间不对外开放，我们想了解你的情况都不行！"呵！原来这群小家伙一直在关注着我！我还以为他们把我给忘了呢！我对他们讲："虽然这半年我不在学校，但你们的情况我是基本掌握的，听说我休假后，你们的成绩下降了不少，期末考试更是有史以来考得最差的一次，你们这样子，老师怎么放心呢？如果你们还是这么不用心学习的话，我下个学期回来就不教你们了！" "老师，你下个学期回来还教我们吗？"我笑笑说："我下学期回来只有两个可能，不教你们，去教初一或初二；教初三的话，只会教成绩好的那个班。"

当我回到家时，看到有一名学生给我留言：老师，我会好好学习，努力考进好的那个班！看来，我的讲话还是有刺激作用的！

这半年来，我通过英语老师了解到，他们经常找英语老师聊天，说想念我，换了两个新的班主任很不习惯，现在成绩也有下滑趋势。在学校有块教师留言板，在教师节那天，学校让学生把想对老师说的话写在上面，其中有几个留言是写给我的，大概的意思都是老师，你是我遇到的最好的老师，希望你能快点儿回来，祝宝宝健康快乐。学生是匿名留言的，所以我不知道是谁。

在11月的期中考试时，他们都考出了很好的成绩，这下，我就放心了！

当初教他们的时候，我总觉得自己管得严，现在换了新的班主任又说还是觉得我好！人嘛，总是在失去了才会懂得珍惜，这对学生来说又何尝不是一种教育呢！我知道我与学生的心，从未分开过！

走进心灵，唤醒心灵

广州市番禺区大石中学　苏雪芬

叶圣陶先生曾经说过："教师之为教，不在全盘授予，而在相机诱导。"教育需要用心用情用爱，用自己丰富真切的情感触动孩子的情感。多年的教育经历使我明白，许多学生都有不为成人所知的内心隔膜，有一种自我伪装，他们外表强大而内心脆弱，非常渴望尊重和理解。教师只有走进他们的心灵世界，缩短与他们的心理距离，才能取得教育效果。

～ 化茧成蝶，展翅而飞 ～

刚高考完的小熙给我发来了微信："老师，我考完试了。高中这三年我一直没有忘记当年的承诺——对自己负责，我也一直没有忘记是您把我从边缘拉回来，让我重拾对生活、对学习的信心和兴趣。老师，谢谢您！等着我的好消息吧！"我会心一笑，庆幸自己对她不放弃，不嫌弃，用真诚打开了她的心扉，坚持走心的教育，今天才会收获满满的幸福。

还记得刚升上初中的小熙，性格比较内向，不太主动与同学交流，学习成绩平平，是那种不太起眼的学生。她在课堂上有时会精神不振，课后经常晚归，家长向我反映她常常会与一些社会青年一起在外流连，还常常因为零用钱、玩手机、迟归等问题与家长争吵，甚至离家出走，彻夜不归。她曾经在周记里表达过自己感到生活无意义、并产生轻生的念头。对待学习，她有时会因为老师的一句鼓励的话语而表现积极，但是更多时候老师发现她对作业很应付，经常偷工减料。为了弄清这个孩子背后的故事，第一次中段考后的一天，我走进了小熙的家。通过这次家访我了解到小熙生活在一个离异家庭里，父亲性格比较暴躁，经常喝醉酒，父母关系恶劣，父亲不允许小熙与母亲联系。她与哥哥、父亲一起生活，小熙比较依赖哥哥，可是哥哥已经参加工作，每天很晚回家，他与小熙沟通的机会也不多。她的爸爸经常忙于工作而无法照顾小熙的起居，很多时候小熙都是吃快餐，父女之间少有交流。

对小熙的情况了解越多，我对她的怜悯之心就越强烈，一方面心疼她，另一方面又觉得她不够自爱。我很想亲近她，让她感受到师长的关怀，可是她一直与我保持距离，让我一时不知所措，陷入苦恼之中。

一天晚上九点多，我接到小熙父亲的来电，说小熙因为手机的问题与他大吵一架后一直没有回家，打她电话也不接，小熙的哥哥在外面到处找她。这时，我突然想到她会不会去了她妈妈家，于是我拨通了小熙妈妈的电话。果然，小熙去找她妈妈了，我的一颗惴惴不安的心才放下来。我告诉小熙，我们都很着急地到处找她，担心她的安危。虽然隔着电话，可是我能感觉到她还没有平复情绪，我建议她和妈妈多待一会儿。第二天我和小熙谈了很久，刚开始都是她在听，我在说，我诉说作为老师的担心，诉说我作为一位母亲的忧虑。可能是我的话语触碰到了她敏感的内心深处，慢慢地她开始回应我，我也从她的回应中了解到了她的需要和所求。

每个星期的周记是我和小熙互相交流的主要途径。刚开始阅读小熙的周记，我明显感觉到她是在应付老师布置的一项作业，时而抄一篇作文，时而写写流水账。但是经过那次离家出走后，她的周记内容不再东拉西扯，而是诉说她的生活、学习等。随着班级活动的开展，小熙参与集体活动的积极性提高了，我发现小熙脸上的笑容多了，她与同学交谈时也不再总是低着头了，在校道遇到老师也会大大方方地向老师问好了。她的同桌也反映小熙上课积极了很多，有多次因作业完成得好受到了老师的表扬。

平日里，也许是出于一种母亲的情怀，我对小熙多了一份关怀，还加了小熙妈妈的微信，常把小熙的进步和近况反馈给她。小熙的妈妈虽然另组建了家庭，可是她放心不下这个女儿，但又碍于小熙爸爸的阻力，有时也是有心无力。每次我与小熙妈妈交流后，都会向小熙透露她妈妈对她的挂念和期待。也许是被我的用心良苦感化了，小熙看我的眼神多了几分信任，上我的课时还特别专注，成绩也突飞猛进。后来经过我多次与小熙爸爸沟通后，他终于答应小熙可以利用寒暑假去和妈妈小住。这个决定让小熙对父亲的态度有了重大的转变，慢慢地，她没有那么反感父亲了，也不再留恋外面的世界，放学后会按时回家，学习更上进了，整个人阳光了许多。她在一次周记里写道：老师，感谢您让我看到希望，感受到家的温暖，我会为自己负责的，不会辜负您和爸爸妈妈的期望，相信我！……后来，小熙以优异的成绩考上了重点高中，我为小熙能顺利、健康地度过初中的三年而感到欣慰，同时我更加坚定了当初的信念：教育要走心。教师只有走进学生的心灵深处，才能与学生的心灵撞击出情感的火花。有些孩子就如那小小的蝶儿，会暂时陷于一种生存的窒息状态、迷失状态，心灵会结上厚厚的"茧"。如果教师能用心帮助他们咬破自己构筑的外壳，终有一天，他们能够化茧成蝶，展翅而飞。

唤醒心中的善

周四下午放学后不久，小芳急匆匆地跑进办公室，来到我的跟前。"老师，我要投诉！"还没等我反应过来，她就迫不及待地说，"小高和小浩在班上扔足球，差点儿砸到我的头。您瞧，这是他们扔的足球。"我接过足球，关切地问她有没有伤到哪里。"没有，球只是擦过我的额头，但是把我吓了一跳。"我拍拍她的肩膀，安慰她："幸好没有受伤，你没事就好。那他们现在还在教室吗？""不，他们'畏罪潜逃'了。有同学说他们不是第一次在班上扔球了，有一次好像还差点儿砸到投影仪。老师，您可以查看监控。"小芳一脸正义地说。我见天色已晚，便让小芳先回家，并答应她明天会彻查这件事，给她一个交代。

小高和小浩是班上特别爱"鼓捣"的孩子，从初一至今，同学对他们的投诉不断，虽然都是一些恶作剧、小麻烦，但是他们没少接受我的"教育"。前天，他们在自修课拧魔方，经值日老师提醒后无效，被没收的魔方还在我这儿，今天又差点儿酿成大祸。

　　面对如此顽劣的孩子，我该怎么办呢？正当我困惑的时候，桌面上的一句话映入我的眼帘：遇到问题先问为什么，再想怎么办。是啊，我了解这两个孩子吗？他们为什么这么爱制造麻烦？我为什么不从孩子行为的背后去了解他们的动机，然后再来寻找解决的策略？想起前阵子接触的萨提亚的冰山理论：一个人的"自我"就像一座冰山一样，我们能看到的只是表面很少的一部分——行为，而更大一部分的内在世界却藏在更深层次，不为人所见。如果我能透过孩子们冰山一角的表现，去深入了解冰山下蕴藏的情绪、感受、期待、渴望，那么我就能直达病灶，对症下药了。我茅塞顿开。

　　正当我准备收拾东西回家的时候，小高和小浩突然出现在我的面前。他俩耷拉着脑袋，不敢正视我，一副等着挨批的样子。没等我发话，小高怯怯地说："老师，我们是来认错的，刚才我们不该在教室里玩足球，还差点儿砸到同学，对不起！"他们的出现有点儿出乎我的意料，同时我又为他们能来主动认错暗暗窃喜。我拍了拍他俩的肩膀，对他们说："当老师发现你们并没有'畏罪潜逃'时，感到很欣慰，能主动承认错误说明你们是有担当、有责任心的孩子。现在你们愿意和老师说说为什么会想到在教室里玩球吗？"也许是没有迎来预料中的"狂风暴雨"，小高和小浩终于舒了一口气。他们告诉我，平时课间不准追逐打闹，除了做作业，和同学聊天，都找不到乐趣，因为无聊才想到玩球，没有考虑后果；另外，他们都喜欢打球，一拿起球就忍不住要投掷、传球……最后他们希望我能组织一些课外活动。"老师，您不生气吗？"小浩追问着。我笑了笑："刚开始听到投诉的时候，我是挺生气的，可是你们诚实，且有诚意，而且我现在也了解了你们的想法，并且理解你们的做法，所以我觉得不该生气，相信你们会处理好，会为自己的行为负责，给小芳同学一个交代。"小高拍着胸口说："老师您放心，我们知道该怎么做了。"

　　第二天，小高和小浩利用早读课的时间，当着全班同学的面向小芳道歉，说出了他们对这件事的认识和反省，并保证以后自觉遵守纪律。

　　这一次，我让学生们去察觉自己行为背后所蕴藏的感受，这也让我更加了解孩子们的需要，并学会接纳他们。遇到问题先问为什么，再想怎么办，教育是一个缓慢的过程，不要急着找方法，给孩子一段自省的时间，一个与自己心灵对话的机会，成全他们从他律到自律的蜕变。

∽ 幸福的教育不是教出来的 ∽

"苏老师，昨天你外出学习，咱们班的孩子闹翻天了，校长经过训了他们两次才安静下来，今天你可要好好治治他们。"一大早，副班主任迫不及待地向我告状。我看向教室，坐在窗边的学生不时地看向我们。我心里很不是滋味。

我很想训他们，但理智告诉我：冷静、冷静，现在不是教育的时机。于是，我若无其事地上起课来。奇怪，今天的英语课特别安静，我在与孩子们眼神交流时，感觉到了一些微妙的变化。临下课的时候，我在黑板上写下了一段话：今天课堂上看见每一位同学认真又专注的小眼神，这是我以前不曾发现的，感觉你们一夜间长大了，相信你们在其他课堂也会如此！最后一节自修课，我故意迟了一点儿进班，教室内鸦雀无声，孩子们都很投入，很专注。我悄悄地回到办公室，发现桌面上放着一封信，上面写道：

亲爱的老师：

您曾教导我们：不妨碍，不伤害。但我们的吵闹声妨碍了别的班，也伤害了自己班的荣誉！我们后悔了。昨天还猜想您会怎样处罚我们，可今天您的温和让我们感受到您的信任与宽容。您，没有训斥我们，没有惩罚我们，而是给了我们自省的机会！

亲爱的老师，如我们的班歌所唱，谁在最需要的时候轻轻拍着我肩膀，谁在最快乐的时候愿意和我分享。是您！亲爱的老师，谢谢您……

看着全班学生的签名，我忍不住泪流满面。我写下了这样一句话：孩子们，谢谢你们！是你们让我懂得原来幸福的教育不是教出来的。

德国教育家第斯多惠说过："教育的艺术不在于传授的本领，而在于激励、唤醒与鼓舞。"信任源于了解，教育始于真诚；给学生一个缓冲的时间，一个自省的机会。这种教育难道不是幸福的吗？

著名教育学家雅斯贝尔斯认为："教育意味着一棵树摇动另一棵树，一朵云推动另一朵云，一个灵魂唤醒另一个灵魂。"这是我一直激励自己的教育信仰，真正的教育关注的不应只是解决当下的问题，而是立足于长远的唤醒心灵。

班主任是生命影响生命的工作

广州市白云区神山中学　谭凤爱

班主任的一言一行、为人处世的风格都会潜移默化地影响学生的情绪、品德、人际关系、学习等，是学生学习的榜样。班主任在管理工作中要不断完善自己的管理方式，从心理学角度分析学生的行为，用自己的热情带动学生的热情，让学生积极投入班级和学校的各种活动中，更好地促进学生的发展。同时，班主任应带领家长积极参与班级管理。

∽ 设意愿，促成效 ∾

NLP中有这样一句话："意之所在，能量随来。"设定意愿就是帮助一个团队的人把价值观整合起来，达到身心一致的状态，注意力和潜能集中在想要做的事情上，身心一致地去做某件事，并在做的过程中体验到快乐和喜悦等积极的情绪和感受。

今年的校运会虽然已经过去一个多月了，但每次看到相片中学生们的行为我都会再次感动。今年的校运会改变了以往没参与项目的学生事不关己的态度，呈现出人人参与的良好势头。每个学生都有为班级服务的意愿，不用班主任督促也会主动行动起来，想办法解决问题，并乐在其中，让班级呈现出与众不同的精神面貌。

运动会前，我设定了班级共同的目标和意愿，以期让全班学生都能受到鼓舞和影响，带动班级的士气与力量，以达成目标。当班长拿着道德风尚奖的评分标准和我商量对策的时候，我看得出班长与我的目标是一致的，就是我们班怎样才能把这个奖拿下来。与班长商量后，她根据评分标准，按每个分值的得分，与同学们一起讨论每个人具体要做些什么以及注意事项等，并且一一列举到黑板上。每个同学也都非常主动并乐意承担自己所负责的项目。其实这也是树立班长威信和教师培养班干部的好机会。

接着，学生们观看了日本小男孩跳箱的视频，它主要讲的是一个小男孩跳箱跳了很多次都没成功，最后在同伴们的鼓励与支持下，成功地跳过了箱子的过程。我趁机启发道："小男孩好比我们的运动员，同伴们好比我们的啦啦队。不要小看我们啦啦队的一句呐喊声，有你们在运动员身边关注，有你们在运动员身边支持，有你们在运动员身边加油，运动员会收到你们的信息，在最艰难的时期，他们会用自己的意志克服重重困难。"

运动会中，无论是在后勤工作的我们还是运动员们，都为自己设定的目标和任务全力以赴。当我们知道张业炜同学参加1000米比赛获得第一名时，全班同学都无比激动。因为我们知道，为了参加比赛，他提前一个月在他家附近的公园练习跑步。他的坚持、他的目标给予我们很大的动力和力量。当我们知道胡颖欣同学参加800米比赛获得第二名时，很多女生都感动得热泪盈眶。因为我们知道，她参赛前脚部受伤，但还是坚持参加比赛。学生们的行为让我感动，让我骄傲，同时让我们相信，只要坚持，我们就会有收获。

学生们在分享心得时说，这次校运会，我们班变得越来越团结，越来越优秀。在这次校运会中，我们赢得比赛的过程很曲折，结果却很辉煌！我们班是最棒的！这个班的每一个人都很可爱，这个班的每一个人都很棒。这个班是如此独一无二，我为我们班感到骄傲！

带着美好的意愿、共同的目标，我们班获得了第一名和道德风尚奖的殊荣。所有学生在一整天的活动中都能做到团结友善，友谊第一，比赛第二，都能感受到一个给予你温暖、给予你力量、给予你希望的班集体。

～ "位置感知法" 化解冲突 ～

位置感知法就是教会我们如何运用位置感知进行换位思考，从而做出最适合自己的理想抉择。师生间、生生间日常的各种冲突的产生，往往是因为当事人固执于自己的立场，只强调自己的感受和观点。在处理问题时，如果教师能引导当事人从多个角度看待事情，我们就能帮助他们跳出自己的框架，获得对事情更全面、更透彻的理解，冲突自然迎刃而解。位置感知法认为对一个事物的理解至少有四个角度：自己、对方、旁观者、系统。

下面是我用位置感知法，配合科任老师处理学生问题的一个案例：

（当时的情景：生物老师把该学生拉进办公室，当时学生的态度很犟，认为自己没错。我的做法：让他坐在我旁边，等他冷静后与他一起分析整件事带来的影响。）

师：生物老师当着全班同学的面批评你，你觉得很没面子，很委屈，你说说这是怎么一回事？（第一角度）

师：生物老师已经开始上课了，你还在用纸巾擦你的衣服，你这种做法，生物老师认为你对他的课堂有什么样的态度？（第二角度）

生：不尊重他。

师：生物老师叫你去自习室时，当时你对他说话的态度，你认为是怎么样的？

生：不尊重他。

师：两次不尊重生物老师，你认为生物老师应该生气吗？

生：（不出声）（观察：他讲话的态度有变化，开始意识到自己的错误。）

师：还有其他的解决办法吗？（我停顿了一下，接着问。）如果一上课，你就跟老师说明情况，你认为老师会不会让你先处理你的衣服？

师：看到你顶撞生物老师，其他同学会怎么样？（第三角度）

生：会不专心上课。

师：这件事会对班级造成什么样的影响？（第四角度）

生：其他老师或其他同学认为我们班纪律很糟糕。

师：那你接下来应该怎样做？

生：跟老师 say sorry。

师：你有勇气说吗？

生：没有。

师：你能想到其他的表达方式吗？

生：送小鱼。

师：看来你的觉悟很高啊。

生：（笑）

师：在这件事上，你收获到了什么吗？

生：以后做事不能冲动，乱发脾气。

师：很好。其实我们回想一下，这是一件很小的事情。退一万步讲，就算是老师误会了我们，我们也要尊重老师，我们可以下课后跟老师说清楚原因，相信老师会理解的。大丈夫能屈能伸，对吧，这会更显得你很有气度。相信你下次遇到同样的问题，会处理得更好。（前后大概用了20分钟）

师：还有20分钟才下课，我不想你中途回班影响同学们和老师上课，你愿意继续坐着看我改作业还是把整件事情经过写下来？（他选择后者）

师：你的事情比较严重，我会当着全班同学的面批评你，在家长群公开批评你的做法，你要做好心理准备。

运用位置感知法，就是要带领学生在各个角度不停地游走，每一个角度都是一次破框，都会给学生带来崭新的体验，帮助学生看到无穷无尽的可能性，最终更好地为第一角度的自己负责任。我经常采用位置感知法处理生生之间、师生之间、家长和孩子之间的矛盾，并取得了良好的效果。

NLP教练技术给家长提供心理营养

我在家长会上或者有时遇到家长时，常常会听到家长说："我跟我的孩子无法沟通。他什么事都不跟我说，我都不知道他在想什么。"其实从这些话里，我听得出亲子之间已经出现了沟通障碍。世界上最远的距离就是我在你身边，你却看不到。父母对孩子的爱是无保留、无条件、无私的。但许多父母不善于表达他们的爱，他们把爱转变成管教、训斥、责骂，将爱的作用限于"发号施令"。结果，孩子一年一年地疏远父母，父母为之苦恼：我如此爱孩子，孩子为何对我如此冷淡呢？孩子对父母的爱视而不见，令父母感觉好痛心。

人与人在交流的时候，往往在意的不是说话的内容，而是说话的语气和态度。初中孩子往往是非常敏感的，父母在与孩子的交流中语调暗含着一种态度，从接受者的角度看它甚至比内容更重要。想一想，我们是用怎样的语调同自己的朋友交谈的，我们对孩子又是怎样说话的，是否居高临下了？我们在生气时是否对孩子叫喊了，那叫喊的音量是否渐渐地变成了你说话时的"正常声音"？另外，"身体语言"不可忽视。据美国人类学家得出的结论：在所有的影响力中，语言占7%，音调占23%，表情及肢体动作各占35%，可见"身体语言"在沟通中起着重要作用。根据以上这种情况，我运用NLP技术并结合教练型班主任学到的一些技巧方法开了一次家长会。

第一步，邀请家长观察孩子画的原生家庭图。从原生家庭图中我们可以看出家庭教育很重要，孩子是父母的一面镜子。教育孩子不仅仅是学校的事，父母才是孩子的第一任老师。有人曾说过，要想孩子伟大，父母必须先伟大。父母能走多远，孩子就能走多远。很多家长埋怨孩子不喜欢读书，不知道学习的重要性，其实家长应该反思：第一步，我们要求孩子要做的事，自己又做得怎么样？这就要求家长做到"言传身教"。第二步，邀请家长思考并讨论：你与孩子沟通的姿态是指责、讨好、超理智还是打岔？第三步，大家一起思考：有没有更好的沟通姿态？第四步，大家共同讨论应该怎样做才会收到更好的效果，以引导家长学习沟通技巧。

1. 改变沟通的姿态，好好说话

对待孩子要像对待朋友一样。

例如，说了好多次你为什么还是老样子？你为什么老是不听话？你为什么老是打岔？这些询问性的话语背后其实不经意地包含着我们的不满和愤怒。原本的关心却成了埋怨、责骂和伤害。怎样说比说什么更重要。问题本身往往不是问题，背后的情绪才是主要的问题。很多时候，换一种说话的方式，大家的心情一定会截然不同。懂得好好说话的家庭，幸福感一定更强。

2. 家是讲爱的港湾，不是讲理的法庭

当我们生病的时候，第一时间想到的就是我们的家，因为家里有你最爱的人。那么，当孩子出现躁动的情绪时，我们要尝试着用爱来打开孩子的心灵。例如，孩子，妈妈（爸爸）注意到你的心情很不好。看到你的心情不好，我的心里也不是滋味，我很担心，你愿意跟我说说你的烦恼吗？我很愿意听……只要心里有爱，你的语言就是最美的良药。

3. 多一些陪伴，创设条件与孩子相处

现在的孩子，他们最不缺的是物质条件，他们缺少的是父母对他们的陪伴。家长要多与孩子相处、互动的时间，多带孩子观光旅游，多进行家庭文化氛围的创造。孩子提醒了我们：我已经很久没有牵过爸爸的手了。

4. 做孩子忠实的倾听者

用心倾听就是爱，就是尊重，就是理解。当孩子处在问题区的时候，他最需要的不是讲道理，不是唠叨，不是批评，而是倾听。我们应给予他们积极的回应，了解他们的情感和内心感受。让孩子把情绪完整地释放出来，不做对错的评判，更不进行批判和贬损，你会发现你和孩子都是幸福的。家长一旦与孩子建立了良好的双边关系，再加以适度的引导，可喜的变化就会在不经意间一点一点地发生。

用爱与智慧，为迷茫的青春导航

广州市花都区新华街云山学校　王惠群

青春期的孩子大多被贴上"叛逆"的标签，可我并不这样认为。青春期也是孩子心理成长的成熟期，孩子的心灵在跌跌撞撞中摸索着成长。在教育过程中，我一直用和善而坚定的态度面对孩子的"叛逆"，用师道之爱与班主任专业的智慧将一次次的教育危机转化为教育契机，为每一段迷茫的青春导航！

感谢那场不期而遇的起哄风波

最近班里慢慢出现一些爱起哄的现象，课堂上表扬一个答对问题的学生，有人拍手叫好；班会课上讲一下班级情况，也有人接话起哄。这让我感觉不太好，当场就严肃教育了，课后我也找了一两个爱起哄的学生出来私聊，分析利弊，讲明要求。但这把火仍然以微弱的势头在班级燃烧着，没能一把彻底浇灭。

在刚刚过去的期中考试中，我班的其他科目成绩都在年级排名前二，唯独生物考得不理想。在班会课上我跟学生们一起探讨了对于这个情况的解决办法，学生们也向我承诺下次生物测试考进前三。第二天我正在隔壁班上数学习题课，我班正好是生物课，本学期的生物课由于老师病假，大部分时间是由实习老师来上课的。实习老师走进教室首先跟孩子们讲成绩："你们班的生物考得非常差，排名第七。"紧接着一阵响亮的拍手声和叫好声传进我的耳朵。老师继续说："你们班连一个80分以上的成绩都没有。"又一阵响亮的起哄声传来。我当时真是怒火中烧，疾步走过去，严厉批评了一顿后要求全班学生放学后留下再做处理。

下课后我回到办公室，静下心来思考怎样妥善处理这件事情。

第一个思考的问题是：这是一个什么样的事件？很明显这是一次对班风、学风产生非常大的不良影响的风波，必须得到及时有效的处理，否则将会对班级产生极大的不良影响。

第二个思考的问题是：为什么孩子们会做出这样的行为？他们真的是因为生物考得不好而感到高兴吗？答案显然是不是，至少大部分学生不会这样想，这种恶意的起哄行为背后也许并没有暗藏"恶意"。不是动机问题，那么就可能是认知偏差的问题。刚升入初中，孩子们的是非观还处于逐步建立的过程中，他们也许并没有意识到这样做会造成什么影响，抑或只是单纯为了寻求起哄的乐趣而做了错事。

第三个思考的问题是：如何处理这次起哄风波？发生这件事情，我确实很气愤，气我一直以来重视对他们进行思想教育，他们却如此是非不分。但转念一想，孩子的成长过程就是一个不断犯错、不断改正和不断成长的过程。每一次的犯错何尝不是一次难得的教育契机呢？转换了思维角度之后，我的怒火慢慢平息了，心中也有了处理的办法。

放学后，我来到班里，没再批评他们。

我严肃地做了以下开场白："同学们，刚才咱们班发生了非常恶劣的起哄事件，我想问问全班同学，你们听到这些起哄拍掌的声音时，是什么感觉？"

马上有很多学生回答："老师，他们傻了，我们班生物考得那么差，竟然还起哄。"大家争先恐后地表达了对这种现象的谴责，因为我相信大部分孩子心中是有明确的是非观的，所以我并没有对他们苦口婆心地劝解，也没有大声地训斥、严厉地惩罚，只给他们一个表达自己立场的机会，正义就开始发声，班级的正气悄然占据主位了。

我继续严肃地说："很好，这说明大部分同学并没有让老师失望，你们是有正确的是非观的。"

接着我继续发问："我还想知道，当有同学开始拍掌起哄的时候，我们班的班干部们在干什么？"几个班干部纷纷站起来，说他们有制止过，但当时起哄的声音太大，他们又不敢当着实习老师的面大声吼叫，所以没能制止成功。班干部们说的话也有道理，他们有及时处理的胆量，却没有僭越老师权利的胆量。

我继续追问："一个班级只靠几个班干部、几个老师来管理，没有全班同学的舆论参与、没有每位同学的自觉能行吗？"

全班学生齐答："不行。"

"那我们下次如何才能将这种恶性事件扼杀在摇篮中呢？"学生们齐齐发声，表示以后再发生这样的事情，一定会群起而攻之，将不良势头扼杀在摇篮中，绝不能助长歪风邪气。

解决了第一个班级舆论方向的问题，将班风归正了之后，接下来要解决起哄学生的问题了。

我继续严肃地发问："关于起哄的同学，是老师去查监控还是你们主动承认？"话刚落音，几个起哄的学生已经站了起来，第一个带头起哄的女孩琳早已泪流满面。该有的惩戒还是不能少，按照班规写检讨，并向全班同学做保证。学生们都放学回家后，我单独留下了琳，与她进行了一次深入的沟通。她哭着跟我解释，我才发现这真是一场没有预谋，却一发不可收拾的闹剧。这孩子平时性格机灵好动，爱开玩笑，谁知自己冒冒失失的一个鼓掌，竟引发了很多不明所以的跟随者。几个起哄的学生也都意识到了自己的错误，做了检讨。

在平息这场风波的过程中，整个班集体得到了教育——明白了"班级荣誉、人人有责"的道理；班干部得到了教育——面对班级突发问题，必须及时大胆处理；起哄的个别学生也得到了教育——在集体中学习和生活，言行举止必须考虑前因后果，万事三思而后行。现在想来，真心感谢那一场不期而遇的起哄风波，同学之间互相督促的勇气更大了，班干部工作更负责了，让我一直头疼的起哄毛病也被根除了。

✑ 为迷茫的青春导航 ✑

"初三（8）班罗小健，听到广播后马上来办公室找级长！"级长气愤地喊声响彻整个年级，刚刚中午放学才十分钟，"怎么回事？"我心里不由得打了个大大的问号，赶紧安排学生去找小健，学生们四处找了一遍，没看到人影。我迅速回到办公室一探究竟，只见隔壁班的男孩涛正在跟班主任和级长哭诉，捂着嘴角的纸巾上透着点点血红。天啊！小健竟然在厕所打人了。情节严重，行为恶劣，必须严肃处理，我马上给他的家长打了电话，向他家长陈述了事情的经过，讲明了问题的严重性，要求家长下午带孩子一同回校处理这件事，同时配合做了涛的安抚工作。

我正准备下班，突然一个熟悉的身影低着头走进了办公室，原来小健还没离开学校，听到广播之后他没有逃离，而是选择了面对，这还算有点儿担待，但他打人这件事让我很吃惊。在我的印象中，小健是一个文质彬彬的男孩，虽然他对学习的兴趣不大，但会尊重同学和老师，待人文明有礼，重义气。他先是被级长训了一顿，接着被告知要受到学校处分，我选择单独跟他沟通一次，看到他有些愤愤然的表情，我没有再批评他，而是平和地让他陈述一次事情的经过和打人的原因。通过他的讲述，我了解到原来他对涛心存不满已经很久了，两人经常在篮球场上相会，涛几次用攻击性的语言和行动在球场上挑衅小健，他都忍了下来，强压在心里。而今天上午他听说自己的好朋友堂跟涛发生了冲突，于是一冲动，他就把人给打了。我想，此时任何形式的批评和说教都不可能走进他的内心，而且我也需要时间好好分析一下他的心理动机，设想一下处理的方法，于是我什么也没说，就让他回家了。

下午他和父母准时来到了办公室，他的爸爸、妈妈都属于少言寡语型，在我跟他们再次讲述了一次事情经过后，他爸爸依然保持沉默，只有紧锁的眉头表露着自己内心的情绪，他妈妈则不停地唠叨着："你怎么总是不听话，跟你说了多少遍了，不要给我们惹麻烦，怎么这么大的人了，还总是这个样子……"小健则在一旁低着头，可以看出他对于妈妈这样的说教早已习惯了，既不反抗也不接受。我对他们与孩子的沟通方式提出了一些意见，希望他们改变自身说话的方式，换个角度，多发现孩子身上的优点，与孩子加强交流，拉近自身与孩子的关系，在让孩子自信的基础上帮助他逐步改变和进步，尽量减少无意义的抱怨和唠叨。

静下心来回顾"打人事件"，小健的原生家庭情况以及他本人的性格，我进行了深入的分析。这件事情我选择将它定性为一件非常态的冲动行为，不构成校园暴力。关于小健，我觉得他有两点可取之处和一点不足之处。可取之处在于：

（1）涛之前对他多有挑衅，但他都能忍而不发，这说明他不是常态下的冲动性格，有一定的自制力。

（2）他最后冲动出手打人，是为朋友打抱不平，说明他性格很仗义。

一点不足之处：他不会用正确的方式处理问题和宣泄不良情绪，积压在心，不宜自身身心健康发展，不擅长处理人际交往中的矛盾。

接下来需要解决的问题我认为有以下三个方面：

（1）按校规处理小健，给涛一个交代，给全校学生一个警示。

（2）关注小健的情绪，及时疏导和指引，帮助小健正视自己，积极面对问题，避免发生二次冲突。

（3）安抚涛，并教育他要注意自己的言行，避免二人再起冲突，有异常情况，随时汇报给老师。

第一个问题和第三个问题很容易处理，第二个问题则需要慢慢来做。鉴于小健的内向性格，我选择了跟他聊微信。

我："健，周五的事情不知道你心里好受点儿没有？如果有什么不痛快的可以跟我说说，我肯定保密并且尽力帮助你。"

健："老师，我觉得错不全在我，他的确很嚣张，我错就错在动手打了人。"

我："我能理解你的气愤，你愿意真诚地跟我沟通，我也很感动。我知道你不是盲目冲动的孩子，明白你事出有因，但我心疼你没有用恰当的方式来保护好自己，导致最后伤害了自己。"

健："老师，我知道自己错了，这次就当给自己一个教训吧。"

我："相信你通过这件事也学会了处理类似问题的方法，不会再冲动行事了，这件事到这儿就翻篇了。以后你和他井水不犯河水，如果他先犯你，你来告诉我，我来帮你处理。"

健："好，我知道了，谢谢老师。"

　　我："关于处分的事情，你也别有太大的思想包袱，争取好好表现，下学期可以申请撤销处分的。"

　　跟他聊完天之后，我相信这孩子不会就此事继续纠结了，放心了很多。同时，我私下约谈了他的好朋友，他们都不希望小健再因为这类事情受到处罚，也表明会积极关注小健的情绪，做好安抚工作。

　　从问题解决方面来说，矛盾双方没有再次发生冲突。从我的教育对象小健来看，他也没有因为被处分而愤愤不平或情绪低迷，整体的状态是比较理想的。我想，这或许是一种可选的处理方案。

　　青春期的孩子正处于价值观、人生观塑造成型时期，他们在处理很多问题时缺乏成熟的、稳定的价值导向，容易冲动和迷茫。在教育的过程中，特别是面对学生问题的时候，如果我们能够更多地关注人，更明确教育的目的是促进人的发展，那么我们一定有足够的智慧将危机转化为契机，给迷茫的青春指出一条光明的道路。

用心做一个班主任

广州市番禺执信中学　王培坚

每当我在教育工作中遇到困难，我总会想起这一段话：我郑重地保证自己要奉献一切给我的学生；我将要凭我的良心和尊严从事教育事业；学生的健康成长与学习进步为我首要的顾念；我将用心竭诚教育我的每一个学生。

～ 做一个有故事的班主任 ～

每天，学生在班主任的身边都会演绎不一样的精彩故事。在我的教育生涯中，不乏许多特别的故事，有潘同学从优秀学生干部走进全球知名高等学府，有冼同学从开学第一天就哭鼻子的学渣最后成为中考物理状元。至今，每当我看到第一届学生获得"七人八足"第一名的照片时，看到驰骋赛场的小欣，都会有特别的感触。因为当年我们有可能再也看不到那个有着灿烂的笑容和获得胜利后欢喜的小欣，或许至今我还沉浸在悲伤和难过之中，久久不能释怀。

小欣一家四口，父亲是村主任，母亲是家庭主妇，小欣是长女，她还有一个妹妹。父亲常抱怨母亲没有为家里生一个男孩，这导致家庭关系紧张，父母经常吵架，有时他们还把气撒在小欣身上，就连妹妹做得不好的事情，都要责怪姐姐小欣没有带好头。可以说，小欣长期在家中备受精神折磨。

在两年多的接触中，小欣有许多与一般中学生不同的表现：手臂上有好几道刀痕，文身，染发，早恋……这些非同一般的现象让我对小欣产生了高度的警觉，但凡有什么不寻常的举动我都要及时去解决，特别是这一次……

事发前几天，小欣的心情一直不好，我还是如常地安慰她，暂时没有发现什么特别的事情。随后小欣家长说因为家里的事情需要中午接她回家吃饭。但下午我亲自在学校门口接她的时候，发现她心情低落，眼睛泛红，我就第一时间带她去了聆心苑。她说父母刚才当着很多亲戚的面又吵架了，吵着吵又骂她了。天天都这样，有时候她想自己不如死了算了，不用天天都这么烦。见状，我第一时间与她的家长沟通，把刚才的对话内容告诉家长，让家长有所警觉。接着我又把情况上报给年级长，让学校知晓这件事情，以便在发生突发情况时可以得到及时的援助。

事发当天，我如常到班上查看早读情况，发现小欣没有在教室。敏感的神经刺激着我，像被告知即将有不好的事情发生似的。由于我马上要上第一节课，我当即做出以下紧急处理：问学生早上有没有看到小欣，而后得知有人看到她去过教学楼方向；打电话问校医室，看她在不在校医室，而后得知她不在校医室；打电话问生活老师，看她在不在宿舍，请求生活老师先帮忙去找一下小欣；把情况报告给级长，通过级长向上级汇报情况，发动各种力量寻找小欣。

最终，我们在洗手间里发现了小欣，此时她正准备用刀片在她的手腕上割下去。在她身边还放着一份早已经准备好的遗书，遗书的内容大致是这样的：我在家里生活得很辛苦，我是因为家庭的事情才决定结束自己的生命。我在学校生活得很好，老师们对我也很好。我做出这样的决定与学校和老师没有关系。

对于这件事情，我问了自己"三个如果"：第一，如果不是三年来对小欣一直做思想工作，她的事情会不会提前发生；第二，如果早读的时候没有人留意她在没在教室，后果会是怎样；第三，如果小欣没有留下遗书，她生命的结束应该由谁来承担这个责任。

为了避免类似的事情再次发生，在往后的班级管理中，我主要做了三件事情：第一，做好学生在班上发生特别事情的记录；第二，建立与学生的谈话记录；第三，建立更有效的家庭信息互通机制。

用心做一个有故事的班主任，不是一句口号，需要的是班主任的爱心、耐心、警觉心、感恩的心。如今小欣已经毕业，有一份稳定的工作，在朋友圈经常看到她晒孝敬父母的幸福生活照，偶尔还会给我发微信聊天。这让我再次感受到：学生问题无小事，解决困难花心思，家校沟通添助力，学子成功谢恩师。

❧ 孩子，你今天"打卡"了吗 ❧

说起打卡，大家会想起上班族的打卡。打卡是工作人员上下班时把考勤卡放在磁卡机上记录到达和离开单位的时间。不过，随着社会的发展，新事物的不断出现，尤其进入网络时代以来，打卡的含义就开始变得五花八门。我们多半会在朋友圈中看到谁今晚又去做什么了，打卡；今天又去了哪里，打卡。所以，人们目前对打卡的理解是坚持做某件事情。

如果用这样的定义来认识打卡，打卡已经不再是成年人的专属行为了。在朋友圈里，有的家长会说孩子坚持学习某些知识第几天，打卡；孩子坚持锻炼某项技能，打卡。这种用于激励孩子学习、记录孩子成长过程的打卡方式，其实也是人之常情，许多家长也热衷在自己的朋友圈发这样的图文。

不过，我们也注意到了另一种打卡方式。有些家长在老师的要求下，在一些班群或家长群里发打卡的图文或视频。只要有家长帮孩子打卡了，其他孩子的家长也会陆续打卡。出现这种情况，从心理学的角度来看，这就是社会助长效应。

什么是社会助长效应？它指的是个人的活动效率由于他人同时参加或在场旁观而提高。早在1897年，特里普里特就证实了社会助长现象的存在。他做了这样一个实验：让被试者在三种情境下骑车完成25英里的路程。第一种情境是单独骑；第二种情境是让一个人跑步伴同；第三种情境是与其他骑车人竞赛。结果表明，在单独骑时，被试者的平均时速为24英里；有人跑步陪伴时，被试者的平均时速为31英里；在竞赛的情况下，被试者的平均时速为32.5英里。根据这个实验，我们会联想到学生也会受到社会助长的影响。比如，几个学生在一起写作业，如果一个人不想学了，但是他们若看到其他人还在学习，就会安下心来继续学习。

　　同理，孩子之所以愿意参加学习和锻炼，第一是基于个人的兴趣；第二是基于自我提升的需要；第三可能是因为父母的监督；第四是他们知道这些图文或视频会在群里让其他同学、家长和老师看到，自己会很开心。从马斯洛的人的需要层次理论来说，这是因为自我价值得到满足所获得的喜悦。2018年寒假，我为了提升学生的身体素质，让学生加强体育锻炼，要求每位家长把学生当天跑步的App截图发到我的微信里，我统计每天的跑步情况并在家长群里公布。在开学初的体育考试中，学生的成绩有了明显的提高。通过这件事情，再结合我之前的一些参与"打卡"活动的经历，我认为，这种激励学生学习兴趣的方式，应该注意以下几个问题。

　　符合学生的学习兴趣。兴趣是最好的老师，缺乏兴趣的学习其结果多半是半途而废。学生愿不愿意学，主不主动学，取决于他对学习内容的感兴趣程度。缺乏兴趣的学习，无论家长如何激励都无法撼动孩子进取的心。即使勉强为之，最后也可能徒劳无功。年龄较小的孩子对家长的依从性还比较强，即使心里对学习内容是不喜欢、不感兴趣的，也会顺着家长的意思去完成。但随着孩子年龄的增长，家长想让孩子乖乖"就范"可就不容易了。

　　家长要正确对待"打卡"的心态。不可否认，从社会助长的角度来看，适度的"打卡"的确有助于提高孩子学习或锻炼的兴趣和自觉性，许多家长也应该感受到了它的作用。但家长切忌怀有虚荣和炫耀的心理，在其他家长面前彰显自己教育的成效，也不能为了完成老师布置的任务，敷衍了事，为"打卡"而"打卡"。只要是老师基于让孩子进步和提升的教育，家长就应该将"打卡"的事情重视起来。

　　组织"打卡"的教育者要准确把握"打卡"的目的。任何教育行为，都必须遵循一定的教育规律，否则都是徒劳。"打卡"除了能验证社会助长效应的力量外，"打卡"的组织者，即教师，也应该遵循皮格马利翁效应。皮格马利翁效应是指人们基于对某种情境的知觉而形成的期望或预言，会使该情境产生适应这一期望或预言的效应。意思就是教师对学生寄予期望，能帮助学生按照教师所期望的方向去发展。教师应以真正帮助学生提升能力、养成习惯、建立自信、促进发展为目的，组织有效的、持续的、科学的、更具激励性质的"打卡"活动，给予学生更多的正面导向，从而实现教育的目的。

任何一种新兴事物都要得到实践方知成效。只有收集"打卡"前后的数据或成绩做对比，才能证实我们的"打卡"是否有意义。如果教师没有心怀一颗对学生负责的心，而仅仅是为了满足教育宣传的效果，那就真的仅仅是一句话：孩子，你今天"打卡"了吗？

∽ 网络发红包，给了孩子们什么 ∾

互联网正一步一步地改变着人们的生活，相信这句话大家都会认同。现在的衣食住行问题，完全可以通过网络来解决。如果说衣食住行是满足人们的物质生活需求，那么社交更多的是满足人们的精神生活需求。纵观互联网的发展进程，从最初的BBS（论坛）和聊天室，到现在的微信、QQ等即时聊天工具以及新浪微博、腾讯微博等社交平台，虚拟社交圈子的扩大，能让人足不出户便接触到更多的人和新鲜的事物。为了构建、融合、维系这些社交圈子，社交网络平台和即时聊天工具的各种插件功能应运而生，其中发红包就是非常受欢迎的一种互动功能。

发红包，原本是长辈发给未成年的晚辈，表示把祝愿和好运带给他们。红包里的钱，只是为让孩子们开心，其主要意义在于红纸，因为它象征着好运。但随着社交网络的不断演变，网络红包已成为时下最受推崇的沟通、交往的互动方式，成为朋友间、同学间玩耍、祝福的工具，以及互联网运营商、商家组织线上活动、派发红包与送钱的互联网工具。

从事物的两面性看，网络红包的存在有它的意义和作用。但我最近遇到的一件事情，从某些角度来说，它已经在悄然地引导学生向不正确的价值取向发展。事情是这样的：我发现班级里有个别班干部希望同学们在早读期间能够认真读书，并且服从管理，有些同学私下起哄要求班干部在班级群里发红包，说收到红包后一定会"乖乖"地配合班干部进行读书。果不其然，还真有两个班干部发了红包，"有钱能使鬼推磨"，收到红包的同学，即便一开始没有起哄要求班干部发红包，但他们也表示一定会配合班干部的管理。发现此事后，我与两位家长进行了交涉，一位家长正义凛然地表示这是孩子价值观出现偏差的表现，必须严令禁止并加以正确引导。而另一位家长表示此做法虽有不妥，但在某种程度上这是孩子适应未来社会生活的一种顺势而为的表现。对于两位家长虽有相似但也略有不同的答案，我思绪万千。或许因为两位家长的身份地位和职业大不相同，以及他们所处环境和个人思维的不尽相同才会使他们有了如此截然不同的回复。但我认为，学生正在接受的是学校教育而非社会教育，某些社会行为在学生的价值观、世界观和人生观还没有形成之前，家长应该给予他们一种正确的引导。或许某些行为的确是孩子未来在社会交往中所需要的，所以某些家长认为它有现实存在的可能性，或许把发发红包当作活跃班级氛围的方式也无可厚非，只要不要太过分就好了。但一旦这种行为被默认允许，学生干部就会形成只要有钱就能解决问题的认识，其他学生也会认为收了别人的"好处"就应该做点儿事情，不管这事情本身是否就是自己应该做的。

作为班主任，我深知破窗效应在环境中的不良现象如果被放任存在，只会诱使他人仿效。所以，在得知这种情况后，我迅速与两名相关的学生进行面谈，指出其行为的弊端，要求他们在日后的工作中不能再出现这种现象，并且在班上进行思想教育，明确指出这种行为在日后可能会衍生的不良后果，告诫那些起哄的学生不要再犯同样的错误，如有发现必将严肃处理。最后，我也与第二位家长进行了沟通交流，希望他能转变观念，切忌用成人的角度来衡量学生的行为。

网络改变人们的生活，发红包虽然能增进彼此的交流，但一旦超越了孩子看待事物的正确观念，它带给孩子的究竟是什么。我认为，这才是班主任和家长们值得关注并应正确引导的问题。

用"心"浇灌成长，用"爱"成就未来

广州市增城区增城中学初中部　王宋花

鲁迅曾在《我们怎样做父亲》里说："教育植根于爱。"绝大多数学生都不是天生智力欠缺或者天性顽劣，只是针对他们的教育方法尚有欠缺，教师只要用"心"浇灌，用"爱"呵护，后进生转优等生绝不是天方夜谭，而是水到渠成。

用爱"截流"

小轩是一名被我用爱成功"截流"的学生。我刚接手班级时，他是学校里有名的顽劣分子，经常违反学校的各项纪律。同学怕他，因他在校外有"哥们儿"；科任老师怕他，因"晓之以理，动之以情"对他没有用。作为班主任，为了防止小轩过早流入社会，"截流"之路荆棘满布，我摸索着行走了一年依旧收效平平，直到那节班会课改变了这一切。

那是一天下午的最后一节课，我正和学生们沉浸在"我自信，我能行"的课堂中时，突然，一阵"嘀嘀嘀"的手机铃声从教室的某个角落传来，我和学生们循声望去，又是小轩！我怒火中烧地走下讲台，来到小轩身边，要求他立刻关机并把手机上交由我保管。小轩无视我的话语。于是我气冲冲地抢了他的手机并关了机。当我重新回到讲台上准备示意学生们继续上课时，放学铃声响了起来，我只好懊恼地宣布下课。正当我想利用放学时间与小轩好好地谈一谈时，小轩一边大声地嚷道："哼，居然敢没收我的手机！"一边背起书包就往教室门外冲，只留下失神的我。从教室跑出去的小轩便处于彻底失联的状态，电话不接，短信不回，第二天早上也没来上学，这使我十分担忧。

直到第二天中午，经过多方打听，我终于确认了小轩的具体位置，便立刻驱车前往。当我找到小轩的时候，他正在网吧通宵打游戏。我走近他，一边轻轻地揉他的肩膀，一边低声为我昨天的行为向他道歉，并邀请他到公园里一边散步一边谈心。

在公园里，我和小轩促膝长谈。他告诉我，三年级时，他看见妈妈决绝地扔下了他与爸爸，再也没有回来。爸爸因此一蹶不振，沉迷赌博，家里债台高筑。因多次被追债被打，上个月，爸爸选择了断自己的生命，丢下年幼的他和年迈的爷爷奶奶。现在家里就靠爷爷的退休金支撑生活，而爷爷又因爸爸的去世病倒了，现在瘫痪在床。前天晚上，爷爷从床上摔了下来，幸好小轩在家，便和奶奶一起把爷爷抬上床去。因为小轩担心爷爷，怕奶奶找不到帮手，所以他随身带着手机，万一爷爷有事，就可以马上回家帮忙。

凄风苦雨迎面袭来，我的鼻头酸意甚浓，我像搂着我女儿一样搂着小轩，轻拍他的后背安抚他，并为他递上擦泪的纸巾。我答应了他带手机回校的请求，但要他保证一定要调静音。我与他拉钩承诺一定会对他的故事保密。

在往后的日子里，我更加细心地关心他，给他讲《雾都孤儿》和《佐贺的超级阿嬷》的故事；推荐他看浙江卫视节目《中国梦想秀》，并与他分享观后感；元旦把自己亲手做的贺卡送给他；等等。也许是我的爱让他找到了在校园的归属感和存在感，从那之后，他再也没有向我表露过要离开校园，流入社会的想法。或许彼时的他已经意识到，校园其实是一个人生命旅途中不可缺少的一站，他不应该急着下车。

2015年7月，小轩顺利毕业走出校园。毕业那晚，我收到小轩发来的感谢信，一股暖意在心底油然而生。来自四面八方的爱像小溪一样汇入小轩的心田，让小轩感受到满满的存在感，这也成为他留在校园的理由。

～ 用爱"融化" ～

如果说汪宁是一块冰，那我的爱便是"融化"他的火把。作为年级的"风流人物"，江宁性格倔强又好表现自己，逆反心理十分严重。自尊心极强的他常因经受不起老师、家长的批评而与父母、老师发生冲突，有很强的抵触情绪。

有一次，在体育课上，他因嘲笑别的同学站姿不好被老师批评，当场与老师顶撞，还差点儿动起手来，然后气冲冲地离开了操场。事后他的母亲狠狠地批评了他，结果他因此几天不理他的母亲，并且在家也不好好做功课。

经过家庭调查及心理分析，我发现导致这种情况的原因主要有两个：一是家庭原因，他的父母离异，加上母亲长期疲于工作无暇照顾他，这使江宁在成长过程中没有树立正确的是非观，遇事缺乏正确的处理方式；二是受到青春期的影响，青少年特有的半幼稚半成熟的特点，使他看问题容易产生偏见，他以为与老师、家长对着干很勇敢，是一种英雄行为，因而盲目反抗，拒绝一切批评。

针对这种情况，我采取了以下四种措施：

首先，从家庭入手。我建议家长多与孩子沟通，了解孩子的诉求，为孩子传授为人处世的经验，建立温馨良好的家庭环境。

其次，春风化雨，坚持疏导教育。我采取以柔克刚的教育方式，以个别面谈的方式取代当众点名的方式来纠正他的错误，这能很好地维护他的自尊心。

再次，因势利导，扬长避短。我利用汪宁在电脑方面的优势，让他担任电脑管理员。老师的信赖、同学的支持使他树立起责任心。我会及时地表扬他在学习上的进步，使他有一种成就感，同时趁势指出他的不足，让他迎头赶上。

最后，我指导汪宁阅读一些关于伟人、科学家成功事迹的书刊，开阔视野，不断激励自己，使他明白，只有胸怀宽广，能接受他人意见的人才能成就伟大的事业。

今天，已站在中考起跑线的汪宁逆反心理已完全消除。即便如此，我也会很细心地关注他的一举一动，当他偶尔迷惑时及时的给予帮助，继续用爱融化他心里的坚冰。

用爱"雕刻"

俗话说，一锹挖不出一口井来，一口吃不出一个胖子来。雕刻一座石像尚需要很长的时间，更何况是塑造人的灵魂呢？刘轩便是那个让我倾注了百分百耐心"雕刻"的学生。

作为班级的头号捣蛋分子，每天我都能接受到来自学生和科任老师的投诉。"老师，刘轩又把我作业本撕烂了。""老师，昨天上英语课，刘轩无缘无故地把口水吐在我身上。""我的洗衣液被他当玩具，全倒在冲凉房，弄得到处都是泡泡。"……

起初，面对刘轩屡教不改的行为，我采用了简单粗暴的方法，让他"停宿"。外宿后的他，仍然会有很多毛病，只是在校待的时间短了，犯的错误自然就少了。可是看见被同学们孤立的他，我怎么也高兴不起来，我在思考另外一种更温和、更持久的教育方法。

是女儿班主任的做法给予了我灵感。在一次照例检查女儿作业的时候，我竟然在女儿的一堆作业本里发现了一本写着"陈政锋"的作业本。我立刻怒气冲冲地质问女儿："说，你是不是每天都偷偷抄作业？"女儿委屈地说道："我不知道，我没有拿他的作业本。"可是我对女儿的说法仍旧持怀疑的态度，第二天我不顾女儿的反对，拖着她一起来到班主任的面前。班主任听完整件事的来龙去脉，非但没有责怪女儿，反而蹲下身一边帮她擦眼泪，一边微笑着说："钟情，你帮陈政锋同学找到作业本，他会十分感激你。你是同学们学习的榜样，老师知道你绝对不会抄同学的作业。"盘老师温柔如天使般的做法使我羞愧不已。我开始反思，对于女儿和刘轩，我都没有用宽容的胸怀去聆听他们的心声，我知道我错了：教育的最终归宿不是肯定或否定一个人，而是要唤醒和激励人的内在精神，塑造一个精神丰满、光彩照人的"人"。

再次来到校园，再次见到刘轩，我微笑着向他走去，他低下头不敢看我，我温柔地对他说："嘿，刘轩，今天你课桌下的垃圾竟然比昨天少了，真棒，继续努力。"听罢，他惊愕地看着我，脸上顿时笑容绽放，说："老师，我一定会做得更好。"

那一刻，我才知道：原来阳光一直都在，只是我忘了把心窗打开。

对学习能力薄弱、性格有点儿小缺陷的孩子来说，教育不会立竿见影。对刘轩这类孩子的教育需要"慢慢雕刻"，用爱感化。一年后，刘轩一定会变成他自己喜欢的模样。

✍ 用爱"转换" ✍

"老师，朱峥又把口水吐我脚上了。""老师，朱峥把口香糖吐在地上了。""朱峥没有交作业。"下课铃声刚响，坐在朱峥旁边的几名学生便跑过来向我投诉。

作为我们班的头号难搞分子，朱峥集齐了抽烟、打架、骂人、随地吐口水和口香糖、迟到、不交作业、上课睡觉或讲话等坏学生要素，严重影响了他人。我联系他的家长，没用。他的父母离异后双方均已重组家庭，没人管他。作为班主任，我是看在眼里，急在心上。

在和他周旋的六周时间里，面对他屡次犯错的行为，我都选择原谅并耐心地说教。或许是我的爽快和耐心对他有所触动，他竟然对我有了一点点的依赖，每天都有事无事借机找我闲聊。但是，他还是老样子呀。我就这样放弃吗？经过一番思考，我决定用"冷暴力"来对待朱峥同学。

何为"冷暴力"，就是心理惩罚，有意识地冷淡一下学生，让他尝尝违反纪律后那种难受的滋味，然后再找恰当的机会教育他，给他讲道理。

下午自习课，他趴在桌子上睡觉，我没去叫他；第二天的作业，他没交，我也不过问；上课迟到，我当没看到；有时巡堂经过他的座位，我故意把头扭到一边去。

就这样过了四天，他终于来找我了。他低着头问我："老师，您不理我了，以前您不是很关心我吗？""是呀，但是你不喜欢我呀，我也不喜欢你了。""老师，您管一下我吧，下课后您和其他同学聊得那么开心，为什么不让我参与其中？""因为你不当我是你的老师呀！""老师，我以后听您的还不行？""强求没幸福哦。""老师，我真的想做好学生，我会改，给我一次机会吧。"看着他恳切的样子，我正视着他的眼睛说："你很聪明，数理化老师都说你脑子灵敏，但你就是自控力太差，管不住自己，所以学习成绩提高缓慢。同学们对于你吐口水、违反课堂纪律等行为都是敢怒不敢言。那么多学生中，老师最关心你，给足你面子，你呢，不仅不给我面子，还让我受到同学的指责，说我偏袒你。唉！""老师，我的确没有管好自己，对不起您，我错了，您再给我一次机会，我保证今后一定改正，您相信我吧。如果您不管我，就真没人管我了。"通过这番谈话，我顺水推舟地原谅了他，并和他一起设立规矩。

往后的日子，我丝毫不敢放松对他的教育，经常通过谈心纠正他的各种不良习惯并鼓励他积极参加学校的各种活动。他一点一滴的进步我都看在眼里，并总是及时给予他表扬。中考这一天，他信心十足地走进了考场。

虽说教无定法，但我认为不管优生还是潜力生，都要用"心"浇灌，用"爱"呵护。这种爱是聆听之爱，需要教师主动倾听学生的所需所想；这种爱是关怀之爱，需要教师贴心地根据每个后进生的实际情况量身订制转优策略；这种爱是耐心之爱，雕刻一座石像尚需要很长的时间，塑造学生的灵魂更需要教师耐心的付出。只要我们用"心"、用"爱"浇灌，一定能助孩子成就美好的未来。

做一个心灵唤醒者

广州市番禺区化龙中学　王艳玲

教育的核心是心灵的唤醒。塑造了著名雕像大卫的米开朗基罗在谈创作体会时说了这么一句话："我没有多做什么，大卫本来就藏在石头里，我只是把多余部分去掉。"

魏书生老师说："教师必须坚信，学生不管多么难教育，他们毕竟是青少年，他们的内心深处一定是一个广阔的世界，而世界必然是假恶丑与真善美并存的世界。"作为教师，首要的责任就是唤醒学生心中向善和向上的愿望。

我扎根农村中学二十多年，坚守班主任的岗位也二十多年了，辛苦吗？当然！累吗？累！可是，当我看到调皮的学生因我的努力而发生改变，因为我的不放弃而被唤醒时，再苦再累也值得了。

⌒ 野百合也有春天 ⌒

那一年，我带的是初三毕业班。

借读生小A不仅上课打瞌睡，还天天欠交作业，根本无心向学。我费了很多唇舌，多次与他交谈，均"无果而终"。唉，这个装睡的家伙也太不争气了，我怎样才能把他唤醒呢？恨铁不成钢的我决定进行家访，但小A就是不肯告诉我他家的地址。

最后，我不得已找了一个跟小A相熟的学生带路。冒着呼呼的北风，绕了几条狭窄的农村机耕路后，快冻僵了的我终于找到了小A的家—— 一个花卉种植场的看守工棚。"这，这，这就是小A的住处？"我真不敢相信眼前的事实，在高楼大厦鳞次栉比的广州，你真的无法想象居然还有这样的一个"家"！

当我进入这个"家"时，寒风透过缝隙无孔不入地灌了进来。室内陈旧且脏乱，人走进去连转身都困难，饭桌就是书桌。刹那间，我明白了为什么小A偶尔交上来的作业本上会粘有饭粒和油迹。

小A正坐在床上盖着被子看电视，突然看到我进来，脸上顿时红一阵白一阵。那天，我跟小A说了很多道理，小A一句也没有反驳。自信满满的我以为已经做通了小A的思想工作，没想到，家访后的第二天，小A却没有来学校，家长告诉我说小A不想读书了。这时，我才意识到自己的到访把小A仅有的一点儿自尊都剥夺得体无完肤。在我为小A的生活和生存状态深表同情和难过的时候，他却因此而深感自卑，抬不起头做人。

好在经过我的多番努力，小A最终还是回到了学校。看到他进班级的那一刻，我心存感激，感激他的回来，减轻了我的负罪感。

王晓春老师说："在学生找不到路的时候，空洞的鼓励形同讽刺，只能使他更迷茫。"学生绝望了，作为老师，我们应让他看到希望才对。

在他的周记本上，我写下了这么一段话：如果你觉得老师的到访对你造成了伤害，那我在这里向你道歉，请原谅我的固执。你无法选择你的出身和过去，但请不要自卑，因为这不是你的错，老师真心希望你可以选择你的将来。抬起头，挺起胸，做自己要做的事情！孩子，记住，野百合也有春天！用你今天的努力，换取你明天的希望！

春节，学校组织学生自愿报名参加敬老院探望老人的活动。没想到小A主动报了名，还在活动中主动分发礼物，这与平时懒散的他完全不一样。见此，我灵机一动：这不正是一个很好的教育他的突破口吗？于是，我把相关的活动照片转发给了小A的家长，并大大表扬了他一番，连带着也表扬了他再次回到学校后的一些小转变。此后，笑容渐渐在小A脸上重现了，上课打瞌睡、欠交作业的现象也减少了很多，虽然成绩仍不大理想，行为也偶有反复，但他毕竟开始转变了，开始抬起头走路了。我对他的唤醒终于成功了！

有人说过，农村中学的后进生就像向日葵，只要给他们生长的机会，只要给他们一点儿阳光，他们就能灿烂。我不敢说教育有多么伟大，功效有多么神奇，因为我知道摆在他们面前的绝对不会是一条平坦之路。但是我希望，当他们日后遇到挫折，感觉人生无望而想放弃的时候，他们会偶然记起，在他们一路走来的时候，曾经有一个过客，给过他们那么一点儿关怀和温暖，让他们不放弃奋斗的希望，不放弃生活下去的勇气。这，就足够了。

梭罗在《瓦尔登湖》里说过："我们并不要贵族，但请让我们有高贵的村子。"如果这是必要的，我们宁可少造一座桥，多走几步路，但请在围绕着我们的黑暗的"无知深渊"上，至少架起一座拱桥来吧！

一个也不能少

2012年9月1日，是我班主任生涯中一个难以忘却的日子。

这一天，校长把阿豪领到了我们班上，临走时，校长语重心长地说："这个学生交给谁我都不放心，所以要拜托你了。"校长简单地向我介绍了一下阿豪的情况：父母离异，无人能管，打架、吸烟、泡吧、喝酒无所不做，在学生当中有一个小团伙，曾经煽动团伙内的成员一起公然对抗老师。我听得目瞪口呆！

果不其然，自那天起，麻烦就如影随形地纠缠上了我。每天，阿豪上课睡觉、打闹、骚扰同学、跑到别班搞破坏的投诉像纸片一样飞向我的桌面。费尽口舌，我才说服家长及科任老师，承诺处理好阿豪的问题。可是，我知道自己并没有底气。为了"降服"阿豪，自己能用的办法基本上都已经用遍了。十五年的班主任生涯，我什么学生没有见过？可真的没见过像阿豪这么糟糕的，我觉得之前的十五年班主任算是白当了。唉，我该怎样唤醒这个装睡的家伙呢？

不过，抱怨显然解决不了问题。多番思量后，我决定还是先了解阿豪，再伺机寻找一个突破口。经过观察后，我发现阿豪的"小哥们儿"对他的评价非常高，认为阿豪说话算数、讲义气、乐于助人……于是，我决定让班内的同学也成为阿豪心目中的"哥们儿"，从而让他在班中找到自尊与归属感。

于是，我为阿豪所在小组的学生分配了任务：每个学生都多买一份上课必用的工具，如作业本、笔、格尺等。上课看到阿豪没有这些工具时，适时地拿出来送给他。这招果然管用！很快，阿豪就把小组其他五名同学当作"江湖救急"的兄弟了。

只是，江山易改，本性难移！想要改变阿豪，我还得继续努力。有一次，我当着阿豪的面向全班学生大声宣布，让那帮受他牵连而被迫违纪最多的学生通知家长来学校，全班学生对此都发出了抗议的声音，理由是带头违反纪律的不是他们，他们也是被拖累的。可是，当我反问他们是被谁拖累时，他们却敢怒不敢言。这个时候，只见阿豪把桌子一拍，噌地站了起来："要罚就罚我！你明知道是我连累他们的，你就是要针对我！""我从来不想针对你，我只想告诉你，天天让别人代你受过，有你这样对待朋友和兄弟的吗？我可以不见他们的家长，但是你今天放学必须留下！""留就留！一人做事一人当！"

这番话后，我和阿豪终于有机会展开第一次认真而严肃的谈话。双方约定，让班长小新成为阿豪的课堂纪律监督人，并专门负责教他英语单词。此后，虽然阿豪有时还会违反纪律，但是故意捣乱课堂的恶劣行为大大减少了。看着慢慢变好的阿豪，我心里的大石头也开始慢慢地放下。

半年后，阿豪顺利地领到了毕业证，并坚持要与我拍一张合照。这时，我才长长地舒了一口气，这三年真不容易啊！离开的那一天，他告诉同学和老师，初中三年，他只服我一个，并特意叮嘱我，千万别把他给忘了。

魏书生老师曾说过："医生的医疗水平是在治疗疑难杂症的过程中提高的，教师的教育水平也是在把难教的学生教好的过程中提高的。"带完这一届学生，我在教育后进生方面的方法和技巧还真的有了很大的提高。

∽ "不糟糕"的心灵征服者 ∽

曾经读过一篇文章，题为"遇见一个糟糕的初中英语老师"，文章深深地触动了我。作者在结尾这样评价他的初中英语老师："作为老师，她以身教的方式向我展示了什么叫作不负责任。我不尊重这样的老师，哪怕她并不额外向我收取费用。说到底，英文作为她自我认同的依仗，毫无价值可言。"是啊，一个糟糕的老师，耽误的不仅仅是学生的学业，更可能是他们一辈子的前途。所以，我时刻警醒自己，不要辜负"老师"二字。

作为教师，我知道，要得到每个学生的喜爱是很难的，但这并不能作为我放纵不管他们的理由。正因为学生难教，我们才要更努力地去唤醒他们。也正因为如此，每一届学生毕业后，总有那么一两个当初的"刺头"学生，会对我说出依依不舍的肺腑之言，那一刻，是最让我动容的时刻，也是给我先苦后甜幸福感的时刻。

2017年感恩节前后，我收到了毕业三年的小辉同学寄来的明信片："王老师，高考完毕我一定要去您家探望您，谢谢您初中三年帮我把英语基础打好了。高中三年我在英语方面始终谨记您的教诲，始终不敢偷懒，所以我的英语成绩是所有科目当中最好的。岁月流逝，沧海桑田，但您所留下的形象始终如一，带来的感觉永恒温暖。如远行的双亲，纵是白发苍苍，在儿女们心中，依旧盛年音容，风采卓然！"

信，是真挚的话语，是情感的流露。可不是吗？我明明记得小辉当年在周记里曾狠狠地给我写下一段话："老师，你能不能放过我？整天唠叨让我学好英语，还天天在英语课堂上提问我，有时候还打电话让我妈课后督促我。老师，你比我妈还要烦，糟糕死了！"真没想到小辉读高中后，反倒悟出了我的好，不枉我当年认真教他一场。

作为一名学生，能得到老师的关注总是幸福的，优秀的教师不想刻意影响别人，却总能够影响他人的一生。

刚刚毕业的初三（1）班，是让我引以为傲的又一届学生，孩子们三年的初中生活以一个完美的句号宣告结束。随着孩子们远走高飞，我告诉家长们可以自行选择退出家长微信群了。可是，没有家长选择退出，他们纷纷发来信息，希望我能把群保留下来。他们告诉我，虽然孩子们毕业了，但是大家都舍不得这个班集体，更舍不得王老师，所以希望偶尔还能在群里听到王老师对孩子们和家长们唠叨几句。

农村中学里没有最美的风景，但是有许多愿意被唤醒的心灵！既为人师，就得尽力而为，努力做一个"不糟糕"的心灵唤醒者，努力发掘学生身上的真善美，帮助他们摒弃假丑恶。我愿意让更多的学生因为我的努力而做出哪怕一点点的改变，那就让我继续当一个"不糟糕"的心灵唤醒者吧！

积涓成流，润物无声

广州市番禺区南村镇员岗剑父小学　邬浩强

教育是什么？这是我们长久思考的问题。而老祖宗们也有自己的观点，《礼记·学记》里面说："君子如欲化民成俗，其必由学乎"，还说："建国君民，教学为先"。可见教育之于家国、个人，功用重大。韩愈的"师者，所以传道授业解惑也"也道出为师之任重；管子的"十年之计，莫如树木；终身之计，莫如树人"，言尽育人之道远。

随着社会的发展，特别是现代心理学的发展，我们有了更先进的教育理论，我们知道了人的成长是多元的，明白了人格也是需要建构的。可是无论理论的大厦建设得多么宏大，也涵盖不完那一个个在我们面前跃动的鲜活生命。

千姿百态，才是生命的真谛。

∽ 花开的背后 ∽

金秋十月，徜徉在校园里，常常传来一阵阵桂花的香气，沁人心脾，使人忘却一天的疲劳与烦恼。

傍晚，我静静地伫立在一株小小的桂花树前，望着那朵朵洁白如玉的小花儿，它们是如此娇小，如此嫩白，让人难以想象那小小的花瓣里怎么能沁出如此的芳香！

我闭上了眼睛，静静地嗅着，心境渐渐如同孩子般纯净。一天工作中的种种烦恼，如同暖阳下的冰块，渐渐融化。暖暖的夕阳下，点点桂花似乎都染上了金光，不禁使我想起孩子们的成长——时光不语，静待花开。是啊，花开自有时，当时候到了，孩子们自然就能迸发出他们的活力与芬芳，我们又何必强求呢。给孩子一个自由的空间，给老师一个宁静的讲坛，给家长一个和谐的家庭，这不就是教育的真谛吗？

夕阳拖出长长的影子，一切都是如此的美好，就如同我们的希望一样。这圆圆满满、红红火火的夕阳啊！

夕阳的背景中，慢慢走过来一个人影。

学校的花匠拖着长长的水管向我走来。"老师还没走啊！"花匠晒成古铜色的脸上带着憨厚的笑意。

"是啊，在看桂花呢！你看这小桂花，只要给它适当的成长空间，它就能自己长成一株香气四溢的良材。这还是我刚刚悟出的道理呢！"我不无感慨地说道。

"我说老师啊，这花可不是自己长的，每天清晨和傍晚我都要给它浇水。学校这里的土壤不是很好，留不住水分的，也没有多少肥力，有空了我就给它加点儿肥料。你看那边的紫薇，还经常长虫子，每次发现叶子上的泡泡，我就给它剪了，还得上药，不然整棵树就毁了。还有啊，这些小叶榕和细叶榄仁都要定期修剪，不然就会刮到学生，要是刮大风就得倒了……"

啊，原本美好的理想之境就这样被现实无情地打破了。所谓的"十年树木，百年树人"不正是这个道理吗？一株小花的绽放都需要园丁如此的细心照料，何况是一个人？

花要盛开，需要阳光，需要养分，需要水分，需要防虫……人的成长，需要关爱，需要知识，需要训练，需要引导……我们不可能什么都不付出就希望孩子成才，孩子们也不可能不努力就能实现自己的理想。李宗盛有一首歌是这样唱的："不经历风雨，怎能见彩虹。"

如果开花结果是植物成熟的标志，那么我们的孩子也会有开花结果的一天。但如果花开是指孩子们能够绽放自己的才华，向世界展示自己最优美的一面；结果是指孩子们能够实现自己的理想，开创属于自己的新生活的话，我想，未必每个孩子都能无师自通地做到吧。

作为教师的我们，当然希望天人合一，道法自然，得天下英才而教之，静待花开，芬芳满园。然而，现实往往却不是这样的，孩子会面临各种各样的难题与考验，这是他们成长路上不可或缺的困难与养分。有的孩子家庭环境不理想，正如那在贫瘠土壤中生存的幼苗，无须风雨，它都可能折断；有的孩子缺乏自控力与管教，面临各种诱惑而心猿意马，正如那招惹了虫害的叶片，在风中萧瑟；有的孩子缺乏家庭温暖，正如那长在阴暗处、干旱处的植株，仰天呼喊……

花开不是必然，成长也不是必然。那些健壮的能静待开放的花朵是幸运的，那些能够健康成长的、茁壮成才的孩子是幸福的。而我们作为教师真正的意义与使命，往往是去照顾那些无法自己开花的、无法隔绝虫害的、无法沐浴阳光雨露的花朵，让他们也能品尝到这个世界的爱与温柔。

想想那些因家境贫寒而无心向学的孩子，想想那些因为沉迷游戏而无心向学的孩子，想想那些因家庭破碎而无心向学的孩子……我们怎能"静待"！

我们常常愿意用理想的状态来代替并不完美的现实。"得天下英才而教育之"当然快乐，但既然学生都已经是"英才"了，您这位老师的教育水平恐怕就真的是"医之好治不病以为功"了。

愿每一位教师都能敢于挑战自我，愿每一朵有机会绽放的小花都被温柔以待。

众人皆醉，醒乎

前段时间学校举办了校运会，学生们的表现相当不错。校运会收官时有一个环节叫"少年说"，是让学生们上台说一说自己想说的话。不少学生都勇敢地站在讲台上，有的同学跟大家分享同学、朋友深情厚谊，也有的同学跟大家述说自己对家长希望——可没有想到的是，我也被班上的小杭同学给"cue"了。

小杭同学在发言中先是感谢了一番老师的教导，接着就提出了真正的希望——老师不要给大家太大的学习压力，我们会好好学习的。

听了小杭的发言，我马上反思自己的教学是不是给了学生们过多的压力。其他学生先不谈，就小杭而言，这个孩子的学习压力应该是不大的。这个小家伙，在三年级我接手班级的时候可是被同学们称为"学霸"的人，但这个孩子比较喜欢吃老本，纵然天资不错，在面对学习上的困难时，却没有足够的意志力去战胜它。平时成绩也就在八九十分这个层次浮动，有时候我还真不明白他是怎么被称为"学霸"的。

校运会前一周的家长会上，我才跟小杭家长谈过，说这孩子缺了点儿勤奋，光靠聪明可不行。别人写的预习资料可能有一两页纸，而他的预习资料永远只有四五行，他是能省就省、不能省也省的典型代表。会不会是会后家长转达了我的意思，给孩子造成压力了呢？我问了孩子的家长，家长说还没跟孩子谈。

教室后面的展示台，贴满了学生们开学时写下的理想。我找到了小杭的那张，只见上面写着："我的理想是做一个快乐的'肥宅'，啥也不用干。因为做人嘛，最重要的是开心。"我似乎找到了原因。

于是，我又查看了更多学生的理想。虽然答案多种多样，但是有不少学生的理想与小杭的相类似，那就是希望获得快乐，却不愿付出辛劳——如果达成理想的过程中充满艰辛，那他们就不要了。

六年级的孩子正应该是立志高飞的少年，为什么却给人暮色深沉的感觉？社会是向前发展的，人们总是希望得到更多的享受，这其实也是我们进步的动力之一。但在小学阶段就立下这样的理想，真的好吗？

我听说，现在有不少人立志做"网红"，或者是一夜暴富——如此的价值观，能否支撑起一个民族的复兴？

理想不该有高低之分，却应有性质之别。如果一个人从小的理想便是享乐的话，很难相信他能为别人、为社会、为文明做出多大的贡献，更有甚者，可能连爱他护他的亲人也得不到爱的回报。这种想法，与其说是"理想"，不如说是一种光明正大的"自私"。

理想应当高于现实。但是抱有这样的理想的人，眼界是有限的。更为重要的是，他的生活质量也不会高——以当今社会发展的速度来看，如果一个人仅以"肥宅"作为理想的话，恐怕他将来也难以做到吧。

我想我找到了孩子们对学习有"压力"的原因——他们没有动力啊！

以此为因，在一场名为"模拟人生"的班会后，学生们又重新审视了自己的理想，并为完成自己的理想制订了更为详细的计划，学习风气蔚然一新。

⌒ 施比受，更有福 ⌒

小仪是一个乖巧、活泼的女孩，曾是班级里的活跃分子。

可惜世上之事，不如意者十之八九。在五年级的第一个学期，她的妈妈离开了她，她的爸爸也远赴他乡谋生去了。剩下她自己如那浮水的孤萍，有时在姑妈家吃一顿饭，有时在奶奶处睡一宿觉。渐渐地，她交往的朋友中多了些学校外的生面孔。她开始爱好化妆，穿高跟鞋，还渐渐疏离了原来的小伙伴，学习上也没有了心思，成绩一落千丈。更令人担心的是，她还有了小偷小摸的行为。

我跟小仪爸爸谈过几次，他说自己作为男人，要负起承担家庭的重任，同时自己很难跟处于青春期的女儿交流，平时也只能依靠小仪的姑妈来照顾孩子的生活。我也跟小仪谈过几次，每次她都表示会有所改进，可总是约束不住自己的行为。

恰巧这时到了班干部改选的时间，根据平时的观察，我推荐小仪当"生物养护人"。

教室后面的桌子上放着一缸金鱼和四盆花卉。金鱼是我买的，原本是想让学生们观察写话用的，后来看他们喜欢，就放在那儿了。几盆花卉则是学生们在植树节的种植活动中自己种的，捐献出来供大家欣赏。于是，这张小桌子就成了班上的生物角。花卉需要每天浇水，小金鱼也需要喂食和换水，于是"生物养护人"这个职务就诞生了。

说来也神奇，自从小仪担任了"生物养护人"一职后，她的不良行为大大减少了。每天一回到班级，她就把花盆搬到向阳处晒一晒，然后又放回原处，放学后她会留下来给小金鱼换水。换水是个技术活，水既不能全换掉，又要清洁干净缸底的杂质，她却每天乐在其中。此外，她还严厉地阻止了有些调皮的男生喜欢给金鱼乱投食的行为。那几个高大的男生在瘦小的她面前，被训得如同温顺的小猫咪。

几株花卉在她的精心照料下日渐茁壮，相继绽放；小金鱼们也每天生活地自由自在。而小仪似乎也少了与社会上"朋友"的交往，重新投入班集体之中，以前那个活跃在班级中的小仪又回来了，在数次的集体活动中还被同学们选为活动组长。

在学期末的评比中，小仪被大家评为"优秀班干部"，另一位获奖的可是班里的"大管家"——班长，但这一切似乎并没有任何一名同学觉得有什么不妥。我想，这可以说是"爱之责任"的成功吧。

其实，随着不少家庭出现离异、丧偶、家长外出务工等情况，与小仪情况相似的"无依"者的数量越来越多。他们在生活上缺少照管，在成长中缺少关注，在无助时没有协助，在奋进时缺少支持，在诱惑面前失去底气。这些孩子大多集中在农村学校，而这些学校往往又是我们教育中的"短板"——无论是硬件还是师资，都是不能与城市相比的。

我常常想，要依托班集体教育集体中的孩子，让班级成为另一个意义上的"家庭"，是否能给予这些孩子更多的温暖呢？要让孩子在爱中成长，除了家长、班集体、老师给予他们"爱"，是不是更应该让他们学会如何去爱这个世界，爱每一株植物，爱每一种动物，爱身边的每一个友善个体。很多现实中的不幸，我们无法替孩子抵挡，但我们是否可以通过营造一个温暖、和谐而相互关爱的集体来给予孩子一个避风的港湾呢？让孩子从"需要爱"转化为"付出爱"，是否能减少一些这些孩子成长中的困惑？能否用班集体的力量来为他们分担一下成长中的重担呢？

成长这条路，于某些孩子而言，并不是只有快乐的。但若他们能学会坚强，以强者的心态面对世界，关怀比他们更弱小者，便能真正成为自己命运的主人。

比起奇策妙招，我更愿意相信"善战者无赫赫之功"。在生活的点滴之中，完成对孩子人格与心灵的塑造，如细雨滋养青草，供给他们成长的养分。我们不需要雷霆破天的威势，也不需要劲风碎云的力量，只要怡然、和谐就已足够。身为教师，我们既要引导孩子走向光明，但有时候，"事了拂衣去，深藏身与名"，亦无不可。

让教育行走在人道智慧的路上

广州市南武实验学校 席俊梅

学生是千差万别的，我们不可能要求每一个学生都非常优秀，学生当中总会有几个调皮捣蛋、不遵守纪律或学习成绩不好的，这时，教师的人道智慧就显得尤为重要。因为教育并不是单纯地把知识从教师的头脑中转移到学生的头脑中，而是首先必须以人为核心，只有在人性的基础上，教师把学生当作有思想、有感情的"活生生的人"，他们的教育智慧才有发挥的空间。

莫道浮云终蔽日，严冬过后绽春蕾

常听人说："班主任是既当爹又当娘，难呀！"这话一点儿也不假。每个班级总有那么几个不太听话的"问题"学生，他们时不时地给你捅点儿娄子、添点儿乱子，让你不得省心。我们班就有这么一个学生。

同学们都称他为"达达"，这个称呼听起来很亲切，其实是带着讽刺意味的。大家知道达·芬奇是画鸭蛋出名的，"达达"就是影射他考试经常会得鸭蛋。虽然有些夸张，但他的成绩确实好不到哪儿去，考试成绩回回垫底。他上课总是心不在焉，很多时候都是在睡觉，他睡觉的功夫可厉害了，睡觉时可以做到笔直坐着，手里还拿着笔。我走过去提醒他，他可以迅速地回应："我没有睡啊。"作业经常不做，小测更不用说，总在那儿磨磨蹭蹭，拖拖拉拉。更可气的是，他谎话连篇，游戏成瘾，十句话里没有一句话是真的。一连三天没收他三部手机还不能让他畏惧，还会层出不穷地拿出游戏机、MP3、电子词典等。我曾耐心地教育过他，也曾狠狠地批评过他，似乎都不太奏效，很多老师曾善意地劝过我，不必在他身上花那么多时间，反正他又不太影响别人。

真的，听到这样的话，我也曾动摇过，想过放弃。

国庆放假回老家，跟妈妈闲聊时说起了"达达"，有着三十年教龄的妈妈一下子就听出了我的沮丧，便语重心长地给我讲了一个故事：

一个名叫查尔斯的九岁男孩到他爷爷的农场里过圣诞节。看到农场里的一棵树枝叶干枯、树皮剥落，似乎已经死了，他就问爷爷为什么不把树砍掉。爷爷笑着说："也许它的确是不行了，但是冬天之后也许它还会萌芽抽枝——说不定它正在养精蓄锐呢！记住，孩子，冬天不要砍树。"果然，第二年春天，这棵看似已经枯死的树居然重新萌芽，到了夏天，整棵树看上去和其他的树没什么两样了。

这个故事使我深受触动：一棵看似没有生机的树，在爷爷的期待中竟"死而复生"，创造了奇迹！"达达"不就像那棵冬天的树吗？枯木尚能逢春，何况是成长中的学生呢？

于是，我频繁找他聊天，辅助他学习，试图激起他学习的欲望。每次谈话，虽然他频频点头，但我还是能感受到他在敷衍了事。我产生了从未有过的困惑：怎样才能走进他的内心呢？

直到那天，当时是凌晨两点左右，大家都进入了甜蜜的梦乡，我也一样。突然，一阵尖锐的手机铃声响起，"达达"妈妈告知我"达达"还没有回家，希望我帮忙找找。我二话没说，拿起衣服起身就走。当时正值冬天，寒冷的风呼呼刮过，冻得刚从被窝里钻出来的我瑟瑟发抖。我与"达达"妈妈在游戏厅找到他时，大概是凌晨三点左右吧，当时，他正和一个与他年龄相仿的男孩打游戏，玩得正起劲儿。看到这情景，他妈妈二话不说就怒气冲冲地扇了他一巴掌。瞬时，我发现"达达"脸色发红，眼睛喷出愤怒的火焰，两手攥紧了拳头。看到这情况，我马上把他拉到一旁，把我手上的衣服给他披上，就简单地说了一句："天气很冷，穿这么少，也不注意身体。"当时，我明显地感受到他诧异中带着温暖的眼神。

从那以后，"达达"对我的态度明显发生了改变，对我充满了信任和感激。

课堂上他会积极发言，作业也不会欠交了，而且还协助我督促其他同学背书，并且逢年过节都会发短信给我，最关键的是，他的语文成绩从不低于70分，有时还会冲破80分。

看到"达达"的转变，我感到由衷的高兴。

这让我明白了一个道理：有爱就有希望。对那些一时后进的学生，只要我们不放弃，只要给他们阳光雨露般的关爱，哪怕是看似枯死的树木，也能萌发出可爱的新芽。正所谓：莫道浮云终蔽日，严冬过后绽春蕾。

坚守心灵的净土

当代作家贾平凹曾经这样说过："人的一生，苦也罢，乐也罢，得也罢，失也罢，更要紧的是心间的一泓清泉里不能没有日辉。"

这句话我跟学生说过很多遍，而深知这句话的真正内涵应该说源于我的一名不起眼的学生——小呈。

她是我班一名矮小、内向的女生，成绩一向处于年级后二十名，是一个让同学们看不起的丑小鸭。

那是中考报名阶段，是大家紧张自己何去何从的时刻。一天，我突然接到小呈父亲给我的短信，他告诉我因为家庭经济困难，再加上孩子学习成绩不好，家人不想让孩子参加中考，想直接报读技校。不过，小呈因为父母离异的缘故，跟他们沟通甚少，对父母给予她的中考选择的建议闭口不谈，因此，小呈父亲希望我能找孩子谈谈。

说实话，当我听到小呈爸爸这个想法时，内心是有些许窃喜的：如果小呈不参加考试，我就可以减少一些学习辅导、心理疏导等工作负担。因为我一直认为小呈是一个无可指责也无可指望的憨厚孩子。虽说小呈从来没有违反过任何纪律，但也从来没有过任何过人之处，学习成绩尚在年级尾部，或多或少也会拖班级一点儿分数。何况现在中考学习压力如此之大，她的心理会出现危机是不可避免的。

中午，明媚的阳光透过玻璃照射进来。我把小呈请进了我的办公室。我并没有单刀直入地进入正题，而是就小呈最近的学习状况拉开聊天的序幕，然后再从她学习是否存在困惑、中考理想学校是什么等问题展开来说。本以为小呈会非常局促，但没想到我眼中一向沉默寡言、胆小怕事、没有任何过人之处的小呈却一一微笑着回答了我的问题，并且主动说起了父亲对她的中考愿望。不过，当她说到父亲要她报考技校的时候，我可以明显看出她眼睛里蒙上的黯淡的色彩，失落之情也溢于言表。看她这般情形，我正想安慰她、劝告她时，她突然扬起嘴角朝我笑了笑说："其实也没关系啦，以我现在的成绩反正也考不上一所好一点儿的高中，还拖班级的后腿，不如转个弯，找一条适合自己的路。去技校学好一门技术，出来工作也未尝不是一件好事……"

我一时理不清我当时的想法，但有一点可以肯定：我非常感动，感动于她那如春光般暖人的话语，感动于她那阳光般迷人的微笑。

不过，感动不仅在于此。

下午，我就将我与小呈交流的信息反馈给了小呈的父亲。小呈的父亲在高兴之余，又说出要把小呈在补习机构报的几科补习班停掉的想法，想听听我的意见。虽说是征求我的意见，但我还是非常清楚小呈爸爸的意图的，他就是想继续让我当他的说客。我考虑到反正小呈不参加中考了，她若不补习为家里省点儿钱也正常，而且她也有可能借此理由不想读了。因此，我便欣然答应第二天再找小呈谈话。

可还没来得及说，当天晚上，小呈的妈妈就打电话给我，说出了小呈的想法：小呈听她爸爸说要停止她的补习，非常不高兴，一再表示自己愿意报考技校，但不代表要放弃现在的学习。小呈强调现在在老师和同学们的帮助下，学习有了很大起色，觉得学习越来越有成就感，越来越有劲头了，也想把这种状态延续下去，力争多学一些知识。如老师您所说，再苦再累，拼搏几十天，为将来能有机会继续深造，也为将来多一些选择而努力，因此，她不愿意放弃外面补习机构的补习，想跟同学一起努力奋斗，走完初中的最后九十多天。希望老师能帮她做做她爸爸的思想工作。

听着小呈妈妈的话，我很惊诧，一时语塞。她又说："老师，孩子让我告诉您，您一定要相信她！说您经常告诫他们，苦乐得失都不要紧，要紧的是做自己该做的，做正确的事，不要随波逐流，不要浪费青春。她不会随便放弃自己的，她一定会很努力的！会像梅花（我们是梅花班）一样坚韧，会像您一样优秀的！真的，孩子很听您的话，也很崇拜您！三年的学习，孩子成绩尽管没有达到我们的期望，但我们知道孩子已经努力了，尽力了。孩子能懂得人生该怎么走，就够了。谢谢您，老师！"

对于小呈的心声以及她妈妈的赞词，我听后只感到无地自容。从教多年，我一直信守本真，告知学生要保有本真，但不知何时，自己心灵的净土却沾染了灰尘，就为了那一点点的小成绩、一点点的小功利。

可以说，在这美好的阳春三月，小呈那自信的激情、坚韧的姿态，就像那满眼的绿、满眼的花，涤荡了我的内心，丰盈了我的心灵。

也是从那天开始，小呈成了我最关注的学生，也成了我心目中最优秀的学生，虽然她不参加中考，成绩暂时还不太优秀，但她让我明白了一个道理：人生的最高境界旨在"坚守心灵的净土"，坚守自己，坚守自信，不为众惑，不为他迷，在属于自己的领地里走属于自己的路，沉缓而不败，此为大智。

∽ 做一个善"借"的班主任 ∽

还记得2015年，我刚从初三摸爬滚打下来，又接任了一个很差的班级的班主任工作以及两个班的语文教学工作。当我正思量如何跟校长提出卸下班主任这个包袱的时候，名为"提高班主任工作艺术探讨"一文中的一段文字深深地吸引了我的眼球：

在历史上，曾经出现了三个班主任，由于他们工作思路的不同，最后的结果也大相径庭。首先是治水的"大禹"，为了治理好泛滥的黄河水，他亲力亲为，三过家门而不入，他的勤奋为后代所啧啧称赞；第二个是"秦赢政"，他治理"班级"时，靠的是班干部的力量，充分发挥吕不韦、商鞅和李斯的才能，把国家的治理推向了一个高潮，但由于个别班干部赵高的"离心"而使秦王朝走向了衰败；第三个班主任是李世民，他既不亲力亲为，也不依靠个别班干部的力量，而是充分相信干部和群众的集体力量，从而实现了"贞观之治"的宏伟蓝图。作为"大禹"，三过家门而不入，值得赞赏，不值得效仿，因为如果为了事业而不顾家庭，这不是当今班主任所推崇的；秦赢政虽然凭借个别大臣的力量曾使秦王朝辉煌一时，但由于依靠的力量有一定的局限性，最后还是被老百姓所颠覆；而唐太宗，是一个智者，既打下了天下，又享受了生活、事业、家庭双丰收，这样的班主任才是我们应该积极学习的。

是呀，作为一名教师，每个人都希望自己的教育教学深受学生喜爱，并且轻松愉悦，但现实却使我们时常感到力不从心，甚至处于崩溃的边缘。其实一件事情的达成，谁又规定只能用自己的能力呢？很多成功者并不是他的专业能力有多强，而是他善于整合更多的资源。成功的教育教学，不仅要"尽力"，更要"借力"。

于是，在这段文字的启迪下，我收回了逃避之心，开启了向学生"借力"之旅。

一开始，我进行"班干部轮换制"。具体做法是，我先选定一批得力的班干部，然后再让其他学生轮流担任各种不同的干部职务，每个人都经历双重身份，既当干部，又当群众，让学生学会换位思考，按照别人的标准来要求自己，在教育别人的时候学会教育自己，真正地感受干部管理工作的不易，从而做好自己，设身处地地为他人着想。这期间，肯定有些学生不太会处理事务，我就让接受过培训的干部进行辅助、指导。这样，我给每个学生充分展示自己的机会和舞台，让学生在管理事务中，学会如何处理事情、如何沟通等，让学生在处理各种事务中发现自己的优点和不足，然后发扬和改进，这便大大增强了学生自我管理的能力，提高了他们参与班级事务的热情，增强了班级的凝聚力，同时增强了他们的自信心。

相信每个班级都不乏屡教不改的调皮蛋和游手好闲的学生，他们对于班主任苦口婆心的劝告、开导，也许早已听腻了。这时我会向班级中思想进步、认真、负责、热心、讲情义的学生及往届学生借力。

记得有一次，一个学生因为欠交作业被我罚抄了三遍，他非常生气，但又不敢跟我对着干，于是，放学后他就冲着垃圾桶发火，把满满的垃圾桶狠狠地踢倒在讲台上。我找他谈，他斜眼看着我，对我不理不睬。看到这种架势，我没有跟他再聊下去，而是让一个得力的干部去找他了解事情的原委。我这才知道，他因为第一次欠交作业就被我罚，觉得不应该，而且认为我罚重了。了解这种情况后，我把当时我那样做的原因告诉了他：那段时间科任老师经常跟我投诉，欠交作业的人数越来越多，于是，我就在放学前几分钟郑重而严厉地警告他们，谁再无故欠交作业，不管哪科作业，都要把作业写三遍。谁知道，在我三番五次的强调下，他竟然第二天就欠交。我只能遵守我的承诺，按照我的规定去做，不能出尔反尔。如果说了不做，我以后说话怎么能有威信？更何况还有其他学生也欠交作业，我通融一个，其他学生就会认为我不公正、不公平。但是，我的这番话没有得到他的理解，他依然记恨在心，于是我又派一个曾经也有此经历的学生跟他聊天，让同学告诉他老师这样做的实际意图——我们看似不经意的小事，可能会因为老师的迁就而得寸进尺，演变成陋习。就是这样，这个孩子终于懂得了我的良苦用心以及我对他的真诚，后来，他还成了我的左右手。

教师节或一些节假日放假时间，有些往届的学生会回校看望我们这些曾教过他们的老师，我就抓住时机让他们进班说说自己离开初中后的感想，谈谈自己当年的学习经历和得失，并介绍他们的学习方法，通过他们的话让学生明白怎样学习，怎样理解、关心老师，怎样珍惜当下许许多多的机会……初三，随着复习的深入，学习的难度会越来越大，生活也会越来越枯燥，有些学生会坚持不下去，这时我也会让往届学生以视频的形式来鼓励他们，使学生们的精神振作起来，学习的动力也就更足了。

在学生身上尝到了甜头，我又将"借力"的手臂延伸到家长、科任老师那里。通过近五个学期的实操，我班由"一盘散沙"的班级，慢慢转变成有"约束力""向心力""向上力"的班级，每年都被评为"优秀班集体"，各项活动的成绩均名列前茅，稳中有进。

有人说，一个人整合能力的大小决定他成功的大小。我们的身边有很多珍珠，我们需要一根线，把那些珍珠串起来，做成一条光彩夺目的珍珠项链，这就是借力，这就是资源整合。

没错，这是一个资源整合的时代，借力不仅是一种能力，也是一种勇气，更是一种智慧。

成长路上寻找幸福

广州市番禺区石楼中学　谢镒聪

　　成长，指长大、长成成人，简而言之，就是一个自身不断变得更好、更强、更成熟的变化过程。在孩子成长的过程中，无论是作为老师还是家长，我一直都在思考和尝试如何让孩子知道自己真正想要的是什么，想成为什么样的人，如何让孩子变得充满热情、富有活力和创造力，如何让孩子满怀爱心和同情心，如何更具智慧与宽容，如何善于关心和体贴他人，如何自觉珍惜和保护环境，如何努力探索新的未知领域，去创造更美好的未来。孩子成长的过程，亦是老师、家长成长的过程，孩子在成长路上收获了许多幸福，老师和家长同样能收获许多幸福。

∽ 我们剥夺了孩子的什么 ∽

　　我们不禁要想，我们到底剥夺了孩子的什么？

　　因为学生不自信，所以他回答问题的声音不响亮；因为学生的成绩不理想，所以他被剥夺参与感兴趣的活动；因为孩子不能输在起跑线上，所以他们被剥夺了本该拥有的童趣……

　　我们到底剥夺了孩子的什么？作为家长的我们和作为教师的我们应该深思。

　　作为家长，在孩子心中拥有无限权威，于是有了这点意识的家长们，就会给孩子制订一个完美人生规划表，孩子通过表格内容进行表演，家长给予掌声和赞许。孩子逐渐学会了顺从和取悦他人，而不是在生活中寻找人生的意义。

但这样做的弊端是，虽然孩子可以在学校取得优异的成绩，可是他们一生都将屈从于家长、老师的想法，他们只懂得寻求别人的认可和表扬，却将失去最有意义的东西：真正的自由，那种凭借自己的勇气、智慧去创造自己认为有意义的人生的自由。

约翰·杜威认为，教育的自身并没有什么目的。只有人，父母、教师才有目的。他对教育中的目的的做了这样的诠释：一个人放枪，他的目的就是他的枪对着放的鹄，但这个对象不过是一个记号。放枪的最终目的并非鹄本身，而是这记号使瞄准这个动作变得具体和有意义。

作为老师，我们总是错误地把教育的目的定在孩子是否能在最终的标靶上射中圆点，而忽略了孩子在努力过程中是否拥有发挥潜能的机会；是否已经产生了鼓舞斗志的可能；是否激发出兴趣的苗头，而最终取得成功，从而让他们找到受教育过程中所具有的发展个体禀赋的意义，而老师们也能达到以导向和指引为准则的教育目标。

所以，我决定，让在篮球队的学生做体育委员，给他机会，让他在全班同学面前证明他的体育特长；让回答问题声音小的学生负责语文的早读带读，若他不想再次在同学们面前低头，就试试对着镜子锻炼嗓门，大声读书。

孩子们，现在我决定，把机会还给你们！

陪着孩子一起长大

首先，作为一个父亲，从儿子出生到九岁，我与妻子一直都是以陪伴和身体力行作为我们对孩子教育的最大准则，虽然我不能用完美来形容，但很高兴在孩子身上能够看到我与妻子努力的成果。

其次，作为一名教育工作者，我不禁想到现在社会上的两种现象，用两句话说就是："赢在起跑线上"和"赢在终点线上"。

先来说说后者——赢在终点线上。很多孩子出生在富裕家庭中，父母过于担心和害怕孩子在成长的路上受苦，于是让孩子吃最好的，穿名牌衣服，报最贵的早期教育，买学区房让其读名校，假期旅行都是最豪华的美加、欧洲团以及国外名牌大学的游学，好像从孩子出生那天起，父母就已经为他们规划好了人生。而这样的孩子一身娇气，对自己的生活和未来没有想法，更多的是受网络影响。他们的父母错在没有把他们当作一个独立的个体，没有把他们的人生交还给他们，这些父母的做法与教育家提出的做法背道而驰，这一点是需要家长们反思的。家庭教育的缺失，会严重影响孩子的个性，从而造成家校教育的失衡。

于是，在这里不得不说说家校共育的关系。家庭教育在孩子的整个人生教育中起关键性作用，往往对学校教育起决定性的作用。例如，有些学生对家长的态度非常恶劣，甚至对家长前呼后唤。网上就曾有一则新闻，因母亲不给他玩手机，这个孩子竟然在大庭广众之下对母亲拳脚相加。作为父母，作为孩子的监护人，居然任由自己的子女对自己动手，这已经远远违背了该有的道德观。同时，一个连父母都不放在眼里、不放在心里的孩子，到了学校后，同样会如此对待他的老师和同学，想想这是多么悲哀。同样，在教育孩子时，家长要问问自己想培养怎样的孩子。

所以，无论作为家长，还是作为教师，我们都要好好思考，孩子需要的到底是什么，作为一个有独立人格的孩子，我们现在是在尊重他们、锻炼他们，还是在埋没他们。

如何让孩子有情趣地生活，培养他们拥有良好的学习习惯和生活习惯，我总觉得任重而道远，要一步一个脚印地不断探索。

❧ 寻找属于自己的幸福 ❧

幸福是什么？我一直都在寻找和衡量获取幸福的标准。努力学习，最终考上大学，为父母脸上争了光，我曾认为这就是幸福；迎娶爱人，与她共同努力营造一个家，拥有共同的兴趣、爱好，一起做运动，一起旅行，我曾认为这就是幸福；妻子为我生了一个白白胖胖的娃，从此多了一个小人儿陪我一起看球、踢球，一起打游戏，我曾认为这就是幸福。

记得曾经看过李良旭写的《民工父亲的"幸福"》，文章讲述了一个建筑工人曾经在作者现在的住所工作过，有一天他敲门希望作者答应他，允许他带自己的儿子参观作者的家——建筑工人盖的房子，作者答应了。民工的孩子参观过房子后，这位父亲说了这么一句话："今天，是我进城打工以来过得最幸福的一天，这种幸福我一辈子也忘不了。"这位民工父亲的幸福感来自他能在孩子面前展示其劳动成果，挺直腰杆。

李家同也写过一篇文章《我已经长大了》，文中提到他曾觉得很幸福的一件事是某天他头破血流，爸爸带着司机把车开到操场去接他，让他得意不已。他的幸福感来自父亲给他带来了炫耀的资本。

其实幸福可以源于一件小事，源于一个生活细节，源于一种信念，源于一种感觉。

我们可以从体验中得到幸福，可以从回忆中获取幸福，所以，让我们的体验变得积极起来，以后的记忆就会更幸福了。

这段时间阅读了彭凯平的《吾心可鉴》，其中有一文提到，幸福是人类一个永恒的话题，长久以来，人们关注幸福，追求幸福，谈论幸福，体验幸福。无论哲学家，还是我们普通人，对幸福的向往，谁都憧憬过；对幸福的回忆，谁都珍藏过；对幸福的滋味，谁都品尝过。

然而，不同的文化，不同的族群，对幸福的看法也不尽相同。孔子认为，仁，就是幸福；亚里士多德认为，不走极端，选择中道，就是幸福的黄金法则；古希腊人的幸福，要求人们在大千世界找准自己的位置；历代中国人的观念，尽忠尽孝，光宗耀祖，履行职责，服务社会，关心他人，也是幸福。

人的生命远比考试更有意义，人的幸福远比成绩更为重要。人生不由所谓的起跑线决定，而是由自己的选择和奋斗过程决定的。相信前途永远在前方！

作为教师，幸福感来自学生对你的尊敬。马斯洛在《动机与人格》中写道："最稳定和最健康的自尊是建立在当之无愧的来自他人的尊敬之上，而不是建立在外的名声、声望，以及无根据的奉承之上。"

我从2003年大学毕业站上三尺讲台到现在已将近十六年了，第一批自己带到初三毕业的学生现在已经27岁了。上个星期参加一个学生的婚礼，令我意外的是，他在舞台上居然对我说了一番感恩的话，这不禁让我想起十六年前第一次因为他破坏班里窗户见他家长的情形，印象最深刻的是他父亲的那句话："谢老师，我知道我儿子的品行，读小学时我在街上见到他班主任都要绕道走，真是没脸见老师，打也打过，骂也骂过，就是不知道怎么教他。"从他爸爸脸上露出的无奈，我知道之后这三年，会有很多棘手的事需要处理。果真，第二天下午他就逃课去踢足球了。于是，我留了一张纸条，签上我的名字，跟他约好星期六下午足球场见。那天下午我们有场足球友谊赛，我让他加入我们队，可半场下来，他发现他技不如人，错失了几次进球的机会，心里很懊恼。比赛过后，我们师徒二人在绿茵场上聊了很久，走进他的内心，我才发现他是一个有想法的聪慧男孩。于是，从那天开始，我把他从教室带到球场，又从球场带回教室，出于对我的那份敬重，他安静地坐下来学习，三年后，他以出人意料的成绩考上了理想的高中。也是从那天开始，我们俩成为球场上形影不离的队友。今天坐在台下，他脸上洋溢的幸福，也成为我幸福的添加剂。

我们或许会为孩子成绩不好、品行不好、习惯不好而担忧，但是无论他们的问题有多少，只要孩子还尊敬你，他就愿意用心与你接触；只要你用心去教导他，你就会发现你的付出会有成效，就能见到他们的进步和改变，这就是幸福的源泉。愿大家都能努力地去寻找属于自己的幸福。

沟通，拉近家校的距离

广州市番禺区培智学校 邢 娜

家庭教育不是学校教育的简单重复，更不是学校教育的简单继续，而是与学校教育互为补充的一条重要途径。苏霍姆林斯基曾说过："教育的效果取决于学校家庭的一致性，如果没有这种一致性，学校的教学、教育就会像纸做的房子一样倒塌下来。"只有家校形成合力，教育效果才可能是加法；只有家校经常进行有效沟通，家庭和学校在教育孩子的理念、策略上达成统一，教育才能起到事半功倍的效果。

❧ 沟通，调解家校矛盾 ❧

倾听是一种非常重要的沟通技巧，耐心地倾听会减少很多不愉快和不必要的麻烦，会促进人与人之间的和谐关系。

一天，生活部老师对我说："A同学（寄宿生）最近怪怪的，蹲在宿舍厕所门口总说肚子疼，还经常自言自语。陈校医也看过了，怀疑她得了妄想症。昨晚，我打电话要孩子妈妈来接，她妈妈姗姗来迟，看了孩子一会儿，好像不想接孩子回家的样子，家长是不是不太关心孩子呀？"

听后，我耐心地观察了A同学一天，发现A同学在教学区并没有出现生活老师描述的任何怪异举动，我及时与生活老师沟通，告知她A同学妈妈平时很配合学校工作，并不是不关心孩子的家长。

当天下班后，我又打电话与家长沟通。电话一通，A同学妈妈就诉苦水：

"生活部老师打电话来说孩子在学校的行为很怪异，说孩子是不是生病了，让我接她去医院看。我工作忙，去学校有些迟，到校观察了一会儿，发现孩子没什么异常，所以我不想接她回家。生活老师认为我不关心孩子，看我的眼神怪怪的，我心里很不舒服……"

我一听，知道生活部老师和家长之间产生了误会。我宽慰A同学的妈妈，把自己所了解和观察的情况分析给她："生活部老师关心孩子，孩子心脏不好，老师也是担心孩子身体，才会多次催您带孩子看病。另外，会不会是孩子有什么其他的想法或要求，才会表现怪异呢……"

接下来，我连续观察了A同学几天，多次与老师、家长、班上学生、A同学谈话沟通，有时与家长通电话一打就是两个多小时，反复分析孩子在宿舍行为怪异的原因。功夫不负有心人，我终于了解到事情的真相：原来，A同学很喜欢生活部的这位老师，生活老师最近因为A同学在生活部太聒噪，故意冷落了她，对她的谈话少了一些回应。A同学就开始装病，自言自语，想以此引起老师的注意。听到我的分析后，家长和生活老师之间的误会终于消除了，家长对班主任、生活老师的细心工作以及耐心的倾听表示感谢。

事后，我指导家长及时与A同学谈心，让她了解自己的行为给老师、妈妈带来了哪些困扰，引导她如何合理表达需求，如何做才会让老师更喜欢她。

特殊孩子怪异行为的背后一定有一个真实而合理的原因，班主任只要凭借细心的观察与分析，并与家长、生活老师、班级学生进行多次有效的沟通，一定能找到特殊孩子怪异行为背后的真实原因。

沟通，增进家校关系

"老师，我们当初送孩子去普校读书，是不是送错了？"B同学妈妈的话，不仅是对我工作的认可，也代表她对我的信任，意味着我和家长的关系更加紧密了。

犹记得B同学从普校转衔安置到我班上的情景：

开学第一天，迟迟不见B同学和家长来注册。后来家长来电说B同学在家哭闹不肯上学，我建议家长冷处理。孩子父母、奶奶轮番对他做思想工作。第二天上午，该生姗姗来迟。面对同学的自我介绍，邻座同学的热情结交，B同学眼里充满鄙夷和嫌弃。课间，他气愤地说："一群笨蛋，你让我和他们聊天，我还不如自闭。"语文课上，我给他练习卷，他却把卷子甩在地上，说："我在普校都不写这个东西，为什么到了你这儿要写？"

适应新环境是需要时间的。B同学依旧在抱怨、挑衅："宿舍蚊子多，没空调。""我课上就是爱插话，有本事你把我告到教导处，让我不要来上学呀！"……

一波未平，一波又起。周日下午，B同学爸爸打电话来，说孩子在家哭闹，吵着明天不上学了，因为在校期间，孩子坐在椅子上休息时，无故被一名学生打了头，他觉得学校很恐怖。

我知道家长来电不单单是要解决孩子不想上学的问题，还有对孩子人身安全的担忧。想到这儿，我对家长和B同学解释："我校部分学生有情绪障碍，我也曾被咬伤手臂，臂上留下满口牙印，差点儿流血。面对有攻击行为的情障学生，因他们不能为自己的行为后果负责，所以我们要学会自我保护，预防为先……"我向家长再三强调一定要冷静，允许B同学倾诉、哭闹，但对此要冷处理，坚持原则，周一按时来校报到。

家长听到我的解释和处理办法后，认可了我的做法，表示会配合老师做好孩子上学的思想工作。

九月天气着实闷热。周四晨读，B同学说："老师，你快给我妈打电话，我昨晚癫痫发作了。"我听后吓了一跳，转念一想，他会不会是在撒谎。我瞥他一眼，他的脸色并不憔悴。幸好报到那天，我向他父母了解过他的病史（发作持续时间、发作时的状态等）。我问他："昨晚发作了几次？一次多长时间？今早有没有发作？"

"昨晚只发作了一次，十几秒吧。"我对他的描述半信半疑，又担心误判会影响他的就医时间，于是打电话与家长进行沟通，与任课教师交代事情原委：B同学可能是装病，经孩子母亲同意，我让他继续上课，希望任课老师留心观察。

当天上午，我时不时地明察暗访，从后门看、从窗边假装走过上厕所进行观察……B同学一个上午癫痫都没发作过，我把情况及时反馈给了他的家长。

我没拆穿B同学装病的谎言，只嘱咐他要好好休息，记得买个蚊帐，避免蚊虫叮咬。面对我的关心和引导，他埋下了头，下午没再吵闹。

接下来的日子，B同学逐渐看到班上同学亦有特长，变得不再鄙视同学，也会按时上交作业了。

家访时，妈妈说B同学报了书法班，我有些惊讶。校庆20周年，B同学写了幅书法作品送到学校，学校把他的作品刊登在办学20周年特刊上。他看后高兴地说："老师，春节时，我给你写副对联吧，你要不要？"

B同学的转变，离不开我和家长都能换位思考的做法，更离不开家校间密切的沟通。虽然近年来家校通等技术的引进，使家校沟通又多了一条渠道，但我依然认为，传统的沟通方式，如面谈、电联、家访，更能达到及时、无缝隙对接的沟通目的。这样的沟通，也使得家校间的关系更为密切。

沟通，赢得教育合力

作为一名特教老师，要想更全面、深入地做好班级管理，就必须深入了解学生的家庭状况，经常与家长沟通，了解学生的身体状况、居住的生活环境、特殊行为、学习特质……寄宿的特殊孩子，大多数时间在学校，只有少部分时间在家，所以更需要班主任将学生的IEP目标、教育教学策略、在校表现及时反馈给家长，赢得教育合力，齐抓共管，以便特殊孩子能更好地融入社会。

暑假的某一天，随着清脆的手机铃声，我接到了小C同学爷爷的来电。

一阵寒暄后，小C爷爷焦急地说："老师，要开学了，孩子吵着不回校，这次还要麻烦您，帮我劝劝他……"

听到小C爷爷的诉求，我脑海里闪现出一个壮壮的小男孩身影。想到他，我心里一阵心疼。小C是个唐氏孩子，家在海丰，从小跟爷爷住。因异地求学，除节假日外，均寄养在保姆家，他偶尔被小叔接出去游玩。小C常哭诉想家，皮肤粗糙的他容易上火，到了冬天经常感冒、嘴唇干裂。

听出小C爷爷着急的语气，我安抚他放宽心，我会给小C打电话或发短信，再发动同学的力量让他回学校。老人家客气地挂断了电话。

　　可是，不管我和班上的学生如何给小C发消息、打电话，小C始终重复着那句："不要回校！不要……"

　　我深知唐氏孩子固执，只好叮嘱家长把孩子带到校门口，我亲自去接他。

　　开学的那天早上，我依旧不见小C。十点多，小C妈妈来电说："孩子在车上大吵大闹，上车前还砸了东西。"我心中忧虑，要她提醒家人注意安全。下午三点一刻，一辆小轿车停在校门口。望着车内的小C，我弯下腰来招呼他下车。这时，我瞥见小C左侧车窗边堆着高高的棉花袋子，后车窗塞着三个靠垫。小C叔叔说："开车时，我被他从后面打了，你小心儿点！"我心里一沉，对小C轻声说："开学了，老师和同学们好想你啊！我们都等着急了，快跟老师回教室吧！"小C大喊着："不要！"，便向车的角落缩去。我拉他，不料被他用力甩掉。

　　我知道小C想逃避上学。所以把小C弄下车，走进校门是解决问题的关键。看着年迈的爷爷、奶奶、瘦弱的小叔，我意识到：单凭我们是搞不定的。于是，我决定让小叔把车开进学校，我去找帮手。

　　我找了三位男老师，小C叔叔把车开进校门后我再次探进车，边说服小C边试图拉他下来。谁料，小C用力拍我胳膊，见我没退却，竟对我左胸口狠狠挥了一掌。我的胸口火辣辣的痛，三位同事见状，一齐出手，把小C拉下了车。小C坐在地上大叫，家长带着歉意地望着我。我来不及等他们开口，马上指挥他们把车开出校门，有事稍后商量。

　　看到家人驾车而去，小C瘫在地上，放弃大叫、反抗。一位同事把他拉起来。小C起初慢慢地走着，我拍拍他的肩膀，告诉他："上楼吧！国庆回家！"小C加快了回教室的脚步。小C回到教室，竟然主动打开书包，翻找暑假作业，并交到了指定位置。

　　手机再次响起，家长约我面谈。见了面，家长不停地向我道歉，我说："责任在孩子，我是他的班主任，这是我分内的工作。接着，我提出建议：首先，不要把小C放到爷爷家寄养，爷爷和奶奶不要溺爱孩子。另外，老人年纪大了，精力有限，孩子还是由父母教育更稳妥。其次，返校前几天，家人可带着小C在番禺游玩或生活，这样既可以缩短返校距离，也方便老师及时介入。

最后，在生活中，家人对小C的要求不能有求必应，要知其动机，让孩子懂规矩，不能总帮孩子善后，让其承担自己的行为以及产生的后果。在班上，我也要让孩子体会到存在感，让他更热爱、离不开集体。"

家长对我的建议表示赞同，多次道谢后才开车返回潮汕。

家校沟通的本质是融合家庭和学校教育资源，取长补短，在相互配合中对孩子的成长形成合力。家校沟通应该是双向的，只有班主任与家长常沟通，二者能够充满同理心地互相体谅，我们的教育才像两条腿"走路"，才会让孩子"跑起来"，快速地成长。

捕捉教育机会，点燃希望之光

广州市从化区温泉镇桃园中学　杨丽霞

教育家蒙台梭利曾说过："教育就是激发生命，充实生命，协助孩子们用自己的力量生存下去，并帮助他们发展这种精神。"教师要善于捕捉教育机会，帮孩子重拾自信，点燃希望，逐步使学生的思想、精神境界乃至毅力、意志、品质得到进一步的磨炼和提高。

❧ 从问题出发 ❧

知道小新早恋的事情，那是在刚开学不久。一天，班长向我反映，班里有男女同学在公共场合做一些不雅的动作。我马上展开调查，翻看当天的监控，确认了班长的汇报情况属实。初二学生进入青春期阶段，即使早恋，也很正常，这说明孩子在成长。作为班主任不必紧张，也不必大惊小怪，既不要瞒着捂着，也不要大肆声张，要想办法将伤害降至最低，不要让孩子的问题暴露在全班乃至全校同学的面前，避免对孩子的心理造成巨大的打击，给他们带来诸多负面影响。

接下来的几个星期，我对小新展开了一系列的跟踪活动，直到问题得到解决为止。

刚开始是利用班会课，我开了一个如何看待早恋的主题班会。我认为利用班集体的力量是比较好的方法，它可以让学生明白早恋的危害，明白目前自己不适合谈恋爱，这样，早恋的学生也容易在心理上接受。

紧接着就是采取私聊，单独和小新散步的方式，与他闲聊一下早恋这个问题。接着，登门家访。我借助家访这个平台，以一颗爱生如子之心，用真诚的爱去化解她心中的症结。小新表示，他一定不会辜负父母、老师的期望，好好学习！很明显，小新上课的确比以前认真了，同时积极参与班里的活动，如积极劳动、主动提出布置教室文化氛围等。她的认真，她的积极，她的乖巧，仿佛一下子就变成了另一个人。我在班会课上表扬了她，并期望她今后朝着她自己设定的目标前进。

很多时候，严加管教和穷追猛打并不能取得预期的效果，我们不妨换个角度，改用"留白"的方式，说不定能收到意想不到的效果。

～ 在发展中前行 ～

早上，当我走进教室准备上课时，班里个子最高的学生突然站起来跟我说："老师，我要投诉，班里有不少同学经常乱扔垃圾。"我听了之后，环顾了一下教室四周，的确有不少垃圾，特别是垃圾桶的旁边。正当我要问是谁乱扔垃圾时，学习委员也站了起来，很委屈地说："老师，我也要投诉，这段时间有不少同学抄作业，您看，他们把我的作业传来传去，都成这个样子了。"她说完就哭了起来。

听到这里，我知道后边肯定还有很多学生投诉，甚至包括科任老师的投诉。这样的班风、学风，怎么能让学生安心学习呢？况且现在已经是五月份了，再过几个月他们就要升初三了。一股莫名的怒气涌上心头，此时我巴不得把那些始作俑者拉出去批斗一番，以解心头之恨。

可是待我稍稍冷静了几分钟后，突然觉得有点儿不妥，如果就这么冲动地去解决这个问题，学生能承认吗？真的有效果吗？十几岁的学生自尊心和自我保护的心理都很强。搞不好会弄巧成拙，让自己尴尬。考虑到下个月要上一节"告别陋习，自信从容进初三"的主题班会公开课，于是我改变了思路，决定来一次"冒险"教育。

这时我朝他们笑了笑，这让他们有些意外，他们的眼神分明在说："班里出现那么多不良现象，杨老师怎么不发火呀？"

"你们今天怎么了，这么安静，你看，个个脸上那么严肃。"我不紧不慢地说道。

这时，一名平时被我罚得最多的调皮的学生站起来说："老师，你平时就知道罚我，现在班里出现这么多不良行为，你居然不管？分明是偏心。"

我就知道他会在这件事上大做文章。平时由于他上课违纪，我罚了他好多次。其实，我希望能尽快解决问题，于是继续追问道："哦，那你知道是谁干的吗？"

这样的问题基本上是白问，没有一个人理睬我，他们互相看了看，谁也不说话，甚至这个调皮的学生也不敢说。我心里明白，他们如果就这么轻易承认了错误，我这个班主任当得也太轻松了。

这时，我叫班长到办公室拿一沓小纸片过来，并给每人发了一张。学生们面面相觑，根本不知道我要干什么。

"同学们，我知道我们班近段时间出现了好多不良行为，比如迟到，不尊敬父母、老师，抽烟，上课睡觉，沉迷网上游戏，语言庸俗，等等。其实这些不良行为都是可以改变的，不过你们首先要清楚自己有哪些陋习，然后再下定决心去改。我们都是文明学子，难道今天我们就甘心栽倒在陋习上吗？大家不妨思考一下，我们刚进这所学校时究竟有没有这些陋习？同学们，再过几个月你们就进入初三了，这些陋习或多或少会影响你们的学习成绩，成为你们进步的绊脚石，你们甘心吗？现在，我给同学们每人发一张纸，请每一位同学在纸上写上你的陋习，然后投到讲台上的盒子里，希望同学们从这一刻开始与那些陋习告别。你们觉得可以吗？"

虽然没有背景音乐，但我的这段深情话语还是有点效果的，学生们改变了一下坐姿，有的互相点了点头，有的迫不及待地拿起笔来，接受这一次道德的考验。我不敢确定他们是否能真正正视自己，如实把问题写下来并下定决心改掉，但直觉告诉我应该冒这次险。

学生们很快就写完了，折好后逐一放进讲台上的纸盒里。盛满纸片的盒子，在我看来是沉甸甸的，它承载的是我和学生之间那份彼此最珍贵的信赖。同时，它也坚定了我上好这个主题班会的信念。

❧ 带着收获回归 ❧

"老师，我进步了""老师，我也进步了""老师，我查到我的成绩了，有很大的进步……"公布期末考试成绩的那一刻，办公室被围得水泄不通，挤满了学生，班里的学生个个喜气洋洋，满面笑容地来我面前报喜。是呀，期末考试的成绩出来了，经过班里所有孩子的共同努力，我们班终于扬眉吐气了，总分由初一级倒数第一名提升到第三名，与第二名仅相差1.5分，其中英语是第二名。这个成绩是从我初一带班到现在最好的一次，同时是我和（4）班的孩子们共同成长的见证。这个班到初三要重新分班。这可是个很完美的结局。

两年了，就这么一晃而过，初一刚接手这个班时的情景还历历在目，整个班的成绩在全年级是最差的，且班级纪律涣散，永远是学校批评的对象；学生缺乏集体荣誉感，对班级深感失望；后进生数量较多且抱成一团，而我由从之前的"憧憬"到接受现实，在巨大的思想落差中懵懵懂懂地开始了征途。

"我一定要迎难而上，要将这个班带好，让每一名学生都有进步。"

"无论是在心智上还是在学习上！我会向学校、家长交一份满意的答卷。"

这是我加入广东省名班主任工作室这个大家庭后的心灵突破。

其实，最难熬的莫过于初二这段时间，整个班的学生好像脱缰野马一样，不断地出现早恋、沉迷于玩手机、学习成绩下滑、逆反心理严重等现象。可能，这就是教育圈里所说的"初二现象"吧。每次的考试成绩根本没有什么悬念，而且特别尴尬的是：面对考完试后的质量分析，我没有话语权。那时的我，想过放弃。令我感到安慰的是，校长对我们班的情况比较熟悉，他总是鼓励我：要多想办法，克服困难，用初心去教育，牢记自身的使命去践行，一切总会有效果，总会有回报的，放手去做吧。

于是，我开始对每一个学生进行深入的了解，了解他们每个人的性格、家庭及顽皮的原因，从图书馆、网上查阅大量的案例、资料，向身边同事前辈虚心请教，通过我们工作室每星期抛出的案例，再结合自己班的情况，我逐步总结出了一套应对班里问题学生的办法。

从家校合作切入，从家访入手。家访，作为联系家庭与学校的一条纽带，发挥了无可替代的作用，它是学校与家庭共同教育好孩子的一道不可或缺的桥梁。我以随机抽取的方式定出八名学生作为每星期的家访对象，一开始很辛苦，因为有些学生不理解，认为我这么做是为了直接到家长面前告状，特别典型的是学生公然在班级的微信群里骂我。究竟是什么原因让他们对我的家访行动如此反感。我不断反思，于是在第二个月做出了调整，与班干部一起讨论，设定家访行动方案，提前对家访对象做好深入的了解，然后和家长预约好时间。此外，要尊重学生，从爱心出发，尽量挖掘他们在学校的点滴进步，加以扩大。有时还约好班干部、级长一起去。渐渐地，他们明白了我的苦心，当月没抽到的学生直接在微信里提醒我说："老师，您什么时候去我家？我带您去，我会约好我家长等您的！"就这样，通过与学生不断磨合，我赢得了他们的信任，同时，赢得了家长们的大力支持，班级的学习氛围渐渐变得浓厚起来。

今天，期末考试的成绩就是最好的见证，他们做到了，所以我也兑现了对他们的承诺，办一场有意义的"散伙会"，整个活动交由他们策划。令我惊讶的是，他们居然办得有模有样。

这一路以来，有烦恼，有汗水，有开心，有成就感……作为教师，学生的进步就是我们最大的安慰，感谢这些"折磨"我的学生，让我在"折磨"中收获成长，在"折磨"中收获颇多。纵然有很多的不舍，我却衷心希望他们能自信从容地进入初三，以后的路越走越宽。

与学生共成长

广州市番禺区大石中学　张滢春

学生是上天派到我们身边的天使，作为班主任，我要做的就是欣然接纳并帮助每一个需要帮助的孩子，与天使一起成长。这个过程就像闯关游戏一样，学生们在闯关中会有困惑与失败，但在一次次的尝试中，他们在前进，在进步，在长大。而作为他们的引领者，班主任也在陪伴学生闯关的过程中体验着学生成长的酸甜苦辣。在一次又一次的摸索，一次又一次的调整中，学生们体验着自己成长道路上的酸甜苦辣。学生们在改变，在成长；教师也在成熟，在丰满。

让我难以忘怀的文艺会演事件

学校的文艺会演即将开始，小俊自告奋勇地要表演独唱。小俊是我们班的体育委员，一个阳光大男孩，长得俊，笑得甜，更难能可贵的是，他无论做什么事都胆量十足，信心百倍，至于唱歌，更是他的强项。

他准备演唱许嵩的《半城烟沙》。打印好歌词，刻录好伴奏，小俊便开始排练。在课间，我们既能看见他摇头晃脑哼歌的样子，也能看见他拿着歌词喃喃背诵的身影。万事俱备，只欠东风，我们就等预演那一天的到来了。

5月25日下午，通知预演的广播声在校园里响起。小俊迫不及待地向我请示出发，但我考虑到下一节课是英语的兴趣活动课，全班学生去为小俊打气是不现实的，我就让小俊自己挑两个好友同行，做他的啦啦队。小俊很快就选好两名男同学，他们三个人兴高采烈地出发了。本来我也想跟着去的，但想想又觉得没有这个必要，一是出于对小俊的信任，二是担心我这个班主任在场，会给小俊带来不必要的压力。并且，与小俊同去的两名男生也都挺机灵的，台前幕后工作有他们帮忙，即使出些小意外，我相信他们也能想办法应付，就当是给他们一次锻炼的机会吧，让他们脱离班主任的监管，自由地发挥才能。

放学后，我按照往常一样，下班回家。刚到家就接到了音乐老师的电话，她说我们班没人上场表演节目。我打电话给小俊的家长，刚好他们都出差了，无法联系到小俊，又给那两个助手打电话，他们竟告诉我不知道小俊没上场。我很愤怒地责问他们怎能如此不负责任地对待班级交给他们的任务，他们竟很无辜地说，在等待演出时，是小俊三番四次地劝他们回教室的。一个班集体45个人，全校性的演出，竟然无人上场，是弃权吗？还是不战而败？或是班主任的不作为？初二（7）班的集体荣誉想不遭受重创也难了吧！而我作为班主任，绝对有不可推卸的责任。假如全班学生在批评与议论声中低下了头，我将成为其中最愧疚的一个。

第二天，我来到学校，第一件事就是找小俊。还没等我说话，小俊就跟我说："老师，我昨天出师未捷身先死啊！""你还有心情跟我开玩笑啊？你不是根本连师都没出吗？"我有点儿生气地说道。小俊看我反应如此大，知道自己闯祸了，乖乖地低下了头。一番询问，小俊才肯说出不上场的原因：昨天他在看别班的表演，发现别班的表演阵势都好大，至少也会有四个人上场，而他却是孤军奋战，势单力薄，他心里很没底，认定自己会输，不会赢，便选择了弃权。害怕其他两个同学会回来告诉我，他还特意把他们支走。怯场这种事发生在其他学生身上不足为奇，但出现在小俊这种身经百战、自信满满的学生身上，着实让我始料不及，难以置信。经过一番动之以情、晓之以理的教育后，小俊终于明白自己的错误与事情后果的严重性。经过一番鼓励后，小俊终于消除了内心的担忧，答应我他会一个人去找演出负责人，说明事情的缘由，承认自己的错误，为班级争取重新表演的机会。最终，小俊不辱使命，出色地完成了任务。

这件事虽已尘埃落定，但我的心仍久久不能平静。小俊作为一名14岁的学生，他犯了错尚能勇敢地承认错误，更能一人做事一人当，把事情处理妥当。而我呢？作为小俊的班主任，在这件事上，就没有责任吗？就没有经验教训值得借鉴吗？在这件事上，我盲目地相信了学生，单凭以往的经验，乐观地认为自信且成熟的学生在遇事时也能像成年人一样自我调整，自我管理，却忽略了青春期学生心理变化急剧的特点。处于青春期的少年是充满生机与活力的，但同时存在各种心理矛盾和冲突。就像小俊，他既想为班集体争光，赢得观众的掌声，又害怕自己表演不好会出丑，影响他在同学们心目中的形象。处于这种两难境地的时候，成年人能冷静思考，权衡利弊，克服障碍，但处于青春期的小俊因情感意志、个性发展都不成熟，在两难的抉择中，他就感到紧张、迷乱，甚至不知所措，这时，他便很容易感情用事，做出本不该做的事情。这个时候的小俊非常需要有人陪伴在他的身边，当他焦虑的时候，有人能够给予他指导与鼓励，帮助他克服暂时的情绪失控。而这个人应该是我，而不是两个和小俊一样同处青春期的少年。如果当时我在场，恐怕这件事就不会发生了吧！放开手，让学生自己走；放开手，让学生独自体验；放开手，让学生独立去做事。这种教育观念是对的，但也要因事而异，作为班主任，我要善于分析情况，该放手时大胆放手，该监控时也要亲力亲为，这才是一个合格的班主任。

吃一堑，长一智。这件事虽给我带来了不必要的烦恼与沉重的打击，但这件事也让我的班主任经验更加丰富。失与得，都是这般刻骨铭心，都让我如此难以忘怀！

尊重如南风般温暖人心

"张老师，小亦同学又来找你了！"回到办公室，经常会听到同事们这样对我说。

同事们所说的小亦同学，是我们班里比较特殊的一位同学，他性格孤僻，思想偏激。虽然他不爱言语，但他的行为让整个年级的老师都知道了他，他曾经连续几个月跟踪一名女生回家；他曾经在老师批评教育他后，在本子上反复写"见血去吧"这样的句子；他曾经在写作文的时候，扬言要报复某位老师……

曾经，对于他的这些另类行为我也苦恼过，甚至和他发生过冲突。

镜头一

上完语文课，小亦就上讲台来找我，说下一节体育课不想去上，让我同意他请假。我多次问他请假的理由，他只有一个答复："我就是不想去上体育课！"我生气了，试图用权威压制他："这是学校，你是学生，该上的课都要上，这是规矩！"小亦应该没有想到我会如此冲动，只见他两只手攥紧了拳头。我意识到自己失态了，刚想做出补救，但是小亦已经冲出了教室，并且也没有去上体育课。

我找来班长，向她了解小亦不去上体育课的原因，原来是上一节体育课在练习跳远的时候，小亦跳得很差，围在周围的同学看到了，都在窃窃私语，还有人哈哈大笑。

我无疑是在小亦的伤口处撒上了盐。

这让我想起法国作家拉封丹写的寓言故事《南风和北风》。南风和北风比赛谁的威力大，谁把行人身上的大衣脱掉，谁就是胜利者。北风对着行人猛吹冷风，冻得行人直跺脚，大骂该死的北风，并把大衣裹得更紧了。南风徐徐吹过，顿时阳光和煦，行人觉得暖烘烘的，解开纽扣脱掉了大衣，南风获得了胜利。

北风和南风的目标一样，都是为了行人脱掉大衣，但由于它们运用的方法不一样，结果便大相径庭。这个寓言不正说明了比严厉更有力的武器是尊重。尊重就像那和煦的南风，可以温暖人心。叔本华说过："要尊重每一个人，不论他是何等的卑微与可笑，要记住活在每个人身上的是和你我相同的性灵。"所以，教育要从尊重开始，只有尊重学生，你才会去揣摩并懂得他的需求，才能给予他真正需要的关怀，才能让他感到温暖。这样的付出，才让人乐于接受并开始接纳我们的想法，收获令人满意的结果。

镜头二

中午下班，刚准备回家，小亦就气喘吁吁地跑来找我。

"老师，我下午想请假。"小亦说。

"哦，是家里有事？还是身体不舒服？"我问。

"我心情不是很好，想下午在家。"小亦平静地说。

"哦，这样啊！可是今天下午第九节课是全级统一开广播讲解中考报名的注意事项，内容挺重要的，你确定要请假吗？"我关切地问。

"那我还是不请假了吧！"他马上改变了主意。

"你心情不好的事要跟我说说吗？"我关心地询问。

"还是先不说吧！老师再见！"走的时候，他还微微笑了一下。

下午，小亦按时上学，表现一切正常，还认真聆听中考报名的广播。对待小亦的请假要求，我不表态同意还是不同意，我给他自主选择的权利，这是对他个人权益的尊重；我关心他的心情，但不追问，不强求知道答案，这是对他个人隐私的尊重。

镜头三

课间，小亦又来找我。

他手里攥着一张纸条，有点局促紧张的样子，他结结巴巴地说："老师，您能帮我把这张纸条交给心理老师吗？"

"当然可以啦！但心理老师就在楼上，我想她看到你亲自去找她，肯定会更高兴的，你可以试一下哦！"我鼓励他自己去找心理老师。

"好吧！"小亦就真的去找心理老师了。

小亦知道心理老师的办公地点，也有问题想寻求心理老师的帮助，他没有直接去找心理老师，应该是有他的顾虑。我表面爽快地答应要帮助他，但事实上应鼓励他迈出与人交流的新步伐，这是对他能力的尊重，因为我相信他能做到！

对于心理敏感又脆弱的学生来说，用紧皱的眉头、阴沉的面孔和严厉的语言是无法改变他们的想法与行为的，可能还会适得其反，甚至造成不良的影响。社会心理学认为，我们在人际交往、人际关系的确立与维持当中必须首先遵循交互原则。因为人际关系的基础是人与人之间的相互尊重和相互支持。任何人都不会无缘无故地接纳我们，别人接纳我们是有前提的，那就是我们也要尊重他们，承认他们的价值，支持他们。"爱人者，人恒爱之；敬人者，人恒敬之。"教师想要顺利地对学生进行教育，那就从尊重学生开始吧，让尊重如南风般温暖学生的心灵……

爱心育桃李，幸福为人师

广州市南国学校　郑晓明

　　什么是幸福？能够做自己喜欢做的事，就是幸福。作为教育者，当你被需要、被认可的时候，你就会觉得所有的付出都是值得的，所有的辛苦也会转化为幸福。让我们用积极、阳光、温暖、包容的心，尊重学生的差异性，激发学生自身的高要求。让我们用微笑拥抱一切，善待每一个学生，让自己的心中流淌爱的火焰，将生命的温度带给每一个学生。

❧ 静待花开 ❧

　　异木棉绽放的11月，我接手了初三（2）班。

　　张君是个男孩，坐在进教室门的第一个位置，但老师进出班级时他从来都不看一眼，课堂上他要么一个人趴在桌上神游，要么在一个笔记本上画一些我怎么都看不懂的画，这孩子沉浸在自己的世界里！咨询初一、初二带过他的老师我才知道他患有自闭症，智力障碍三级，和同学从不沟通，与老师见面就躲，更别说交流了。仔细观察这孩子几天后，我决定通过日记与这孩子沟通。我买来一个粉红色的日记本，在首页向他介绍我，然后问他今天吃了什么，过得开不开心，写完后准备拿给他。走进教室他正好坐在座位上，我把日记本送给他，他猛地用双手捂着嘴巴，瞪大眼睛望向别处，我吓到他了！我把日记本放到他的桌上后便迅速走开。一整天我都在等他的回应，终于快下班的时候他的身影在办公室门口晃了一下，又晃了一下，但他就是不进来！难

177

道他是看到我坐在这里了吗？想到这里我马上从后门走了出去。我在外面走了一圈回到办公室，日记本被放在我办公桌上了！我急忙打开日记本看——"我今天骑单车了。我今天真开心。"虽然只有简单的歪歪扭扭的几个字，但对这孩子来说是多么大的进步啊！以后我都会趁他不注意时把日记本放在他桌子上，又创造机会让他把日记本还回来，于是我知道了："今天下雨了，不能骑单车，我不开心。""下雨了不能骑单车，可以去看看路边的花啊草啊，它们喝了雨水是不是又长高了一点儿呢？""我今天看见路边的花开了，我好开心。""有了阳光的温暖、雨水的滋润，就有了花开，真好。""今天是妈妈的生日，吃了很多好吃的，我很开心。""妈妈生日有没有帮妈妈捶捶背呢？""我今天帮妈妈捶背了，妈妈说我真乖，我好开心。"……慢慢地他不再躲避我的目光，当他开心时我会给他一个赞许的目光，不开心时我会给他一个鼓励的眼神。孩子，我多希望你能打开心扉接受这个美好的世界啊；多希望你能在风雨里恣意奔跑，在烈日下挥汗如雨啊；多希望你能青春飞扬啊。不过，不急，慢慢来，你已学会了欣赏和感恩，就会拥有幸福和快乐。

校门口盛放的粉红色的异木棉，散发着阵阵香气，沁人心脾。异木棉默默地开着，它也曾有过一段不语的时光，但最终灿烂了自己，芳香着他人。时光不语，静待花开。

❧ 护花使者 ❧

花的盛开需要阳光，需要养分，需要防虫，教育也一样。

一天，小李老师抱着几本书，满脸怒气地回到办公室，并把书重重地摔在桌上："我真是受够了（1）班……""他们班的陈同学总是跟老师唱对台戏……"马上有老师附和。（1）班，又是（1）班，这是全校"闻名"的班级，这个班的学生思维活跃，经常在陈同学的带领下起哄，捉弄老师。老师们说起这个班就会影响自己的心情。这学期我也是这个班的科任老师。

小李老师生完气后，转过身来问我："郑老师，怎么不见你生气啊？"我微微一笑，心想，生气能解决问题吗？我不禁想起前几天发生的一件事情。

开学第三天我在（1）班连续上了三节课，上到第三节课时，学生反应渐渐慢下来，于是打算安排练习，"请拿出《阳光学业评价》，写第三页到第五页"。我在讲台上发出指令后，有的学生快速拿出书写起来，教室后排的陈同学书还没拿出来，其他学生已经做了四五道选择题了，我再次强调："请拿出《阳光学业评价》，写第三页到第五页。"他嘀咕道："在找书啊。"我走到他面前，再次重复："请拿出《阳光学业评价》，写第三页到第五页。"他终于拿出书写了起来。

美国教育心理学家古诺特博士曾深情地说："在经历了若干年的教师工作后，我得到了一个令人惶恐的结论，教育成功和失败，'我'是决定性因素。我个人采用的办法和每天的情绪是造成学习气氛和情境的主因。身为老师，我具有极大的力量能够让孩子们活得愉快或悲惨。我可以是制造痛苦的工具，也可以是启发灵感的媒介；我能让人丢脸，也能让人开心；我能伤人，也能救人。"

身为教师的我不能做课堂情绪和氛围的破坏者和污染者，我得春风化雨，润物无声。智者曰：大道至简。《学习的革命》一书中也描述："最伟大的真理是最简单的，最伟大的训诫是易于理解的。"

在课堂上和陈同学的沟通中，我的指令（拿什么，写什么）简单、明确、具体、坚决。但毋庸置疑，一个"请"字体现了我对学生的尊重，也表达出我的和善，我并没有恶意，我与学生的距离、我的眼神、我的坚持体现出我的严肃、认真、坚定、强势与权威，对于学生的嘀咕我没有当场理会，也不给他解释的机会，我采取"延迟解释"（课后再理论）的策略，否则师生之间就会陷入一种纠缠不清的状况，这时的课堂纪律管理可能出现其他学生趁机讲话、搞小动作等违纪行为。课后我在与陈同学沟通时表达出对他的理解与尊重，但我再次明确有些规则他是必须遵守的，并要视为自己的行为准则，奉行不悖。同时，强调作为男子汉也要有责任意识，责任是男人的脊梁，是男人顶天立地的支柱。

∽ 花开不败 ∽

"郑老师，昨天在地铁里，我看到李某和王某牵着手走，很亲密的样子。"接班没多久，我就收到了其他老师的投诉。根据这位老师的表述我能确定李某和王某早恋了。中学时期是人生第二个身体发育的高峰期，第二性征也开始出现，这个时期的男女学生在生理和心理方面都发生了变化，彼此之间产生了好奇和好感，会不由自主地想去接触异性、了解异性，或想取悦异性，以获得对方的青睐，又或者会互相吸引、互相仰慕对方，产生爱慕之情。这是一种正常的心理现象，可是这不成熟的、单纯的、朦胧的、幼稚的爱慕之情不是真正的恋爱，它往往难以持久，缺少承诺，是不理智、不成熟的选择，大多是没有结果的，在遇到波折——感情转移、争吵、分离等时，他们易产生偏激的行为，从而影响学业。

我冷静下来，分析二人的情况：李某，男，性格内向，不善交际，爱好打篮球，家庭条件一般，学习成绩处于中等水平。在班上，李某属于不起眼的学生。王某，女，活泼大方，喜欢绘画，家庭条件较好，学习成绩一般。按理说这两个人不可能在一起啊，女孩的身高看起来比男孩还高一点儿。他们发展到什么程度了？我还是单刀直入，分别找二人谈谈吧。

通过调查、谈心、各个击破的方式，我终于了解到了事情的全部情况。现在的他们认为爱就是一切，没有任何附加条件，也说不出明确和充足的理由。作为老师，我一眼就能看清他们的感情持续不了多久，他们的感情是幼稚和纯洁的，这段朦胧的恋情最终会伤害他们自己。我该怎样引导他们呢？棒打鸳鸯？请家长？报告学校进行处分？我希望他们不要轻易去爱，更不要轻易去恨。不想弄得满城风雨，那么除了谈心还是谈心。谈他们的经济来源、学生时代的责任和理想、毅力、男子汉修炼、女孩性格养成；谈各自爱好、各自优缺点、各自生活目标、各自家庭；谈同学、老师和家长的看法；谈白马王子；谈灰姑娘；谈诗和远方等。我要告诉他们用理智和毅力来战胜这不成熟的感情；告诉他们战胜自己、摆脱早恋的方法，把精力转移到学习上，用探求知识的乐趣来取代不成熟的感情；告诉他们要像结交同性朋友那样真实、坦诚、自然、适度地交往，在交往的过程中，言语、表情、行为举止、情感流露及所思所想要做到自然、顺畅，既不过分夸张，也不闪烁其词；既不盲目冲动，也不矫揉造作；告诉他们要像对待同性同学那样对待异性同学，不要因为异性因素而变得不舒服或不自然。

经过我一个月的跟踪与沟通，他们终于走回正轨。年轻的我们，要做的事还很多，要走的路还很长，该把握住青春，去做我们该做的事情，才会无悔于青春，花开不败。

❧ 百花齐放 ❧

学校组织的学生活动，教师应该采取什么态度？是越俎代庖，包办代替，还是撒手不管，置身事外？我觉得这两种做法都是错误的。陶行知先生说过："学生既是学习的主人、生活的主人，更是自我管理的主人。"学生的活动，学生是主体，一切以学生为中心，教师不能喧宾夺主；同时，学生的任何活动都是教育的一部分，与教师的教育工作密切相关。因此，教师必须把它当作自己工作的一部分去关心，去支持。把学生日常管理活动交给孩子自主设计、自主组织、自主实践，使校运会、艺术节、科技周、广播操比赛等活动真正成为学生展示自我、完善自我、提高自我的舞台。

学校科技艺术节时，年级组安排我们班表演一个节目。我班的文娱委员便与班委会商量，要给全校师生一个惊喜。他们把讨论的结果告诉了我，虽然我觉得演音乐小品剧难度较大，但学生们的热情如此高涨，我必须全力支持。于是我说："算我一个，我和你们一起登台。"班长说："登台就不必了，但希望老师当我们的编剧兼导演。"学生一声令下，我便积极地行动起来。不到两天，我便拿出初稿《吉祥三宝》。剧本定稿了，演员选好了，排练开始。虽说他们奉我为导演，但我设计的动作被他们否定很多，不是说太做作，便是不现实，要么就说不好表演。总之，到最后我的"大权"旁落，成了一个挂名的导演。演出结束后，学生们为节目大获成功欢喜不已，真诚地说："老师，要是没有您的热情辅导，我们是不可能取得这个成绩的。您功不可没！"

教师只有把自己当作学生中的普通一员，积极参与他们的活动，才能真正了解学生，体验他们的欢乐与痛苦，并且能有效地帮助学生搞好集体活动。苏霍姆林斯基曾经说过："实现自我教育，才是真正的教育。"引导、组织学生积极开展活动，培养学生自主管理能力，达到在活动中育人的目的。

陶行知先生说："教师的成功是创造出值得自己崇拜的人。"让我们不忘教育的初心，静守内心的一份安然，倾听花开的声音，那才是幸福和快乐的所在。